冰雪旅游与社会经济融合发展研究

裴 超◎著

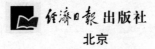

经济日报出版社

北京

图书在版编目 (CIP) 数据

冰雪旅游与社会经济融合发展研究 / 裴超著 .

北京 : 经济日报出版社 , 2024. 9. -- ISBN 978-7-5196-1495-9

Ⅰ . F592.3

中国国家版本馆 CIP 数据核字第 202480D4X0 号

冰雪旅游与社会经济融合发展研究

BINGXUE LÜYOU YU SHEHUI JINGJI RONGHE FAZHAN YANJIU

裴 超 著

出　　版：经济日报出版社

地　　址：北京市西城区白纸坊东街 2 号院 6 号楼 710（邮编 100054）

经　　销：全国新华书店

印　　刷：武汉恰皓佳印务有限公司

开　　本：710mm × 1000mm　1/16

印　　张：11.75

字　　数：158 千字

版　　次：2024 年 9 月第 1 版

印　　次：2024 年 9 月第 1 次印刷

定　　价：72.00 元

目 录 contents

第一章　冰雪旅游概述

第一节　冰雪旅游的定义与特性

随着全球气候变化和冬季运动热潮的兴起，冰雪旅游不仅成为一种时尚和流行的旅游方式，更是一种独特的文化体验和休闲方式。

一、冰雪旅游的定义

冰雪旅游，从字面上理解，是指在覆盖着冰雪的环境中进行的旅游活动。然而，这一旅游形式所包含的不仅是冰冷的气候和白色的景致，还涉及一系列与之相关的文化、运动和经济活动。

（一）冰雪旅游的环境与资源

1.冰雪旅游的环境

（1）气候条件

冰雪旅游依赖于特定的气候条件，即稳定的低温、充足的降雪量地区。只有在足够低的温度下，雪和冰才能长时间保持其状态，滑雪、滑冰等冰雪活动才得以进行。同时，寒冷的气候也为冰雪景观的创造和保持提供了必要的条件，如林海雪原、冰瀑等壮丽的冰雪景象都需要在低温下才能展现其魅力。

（2）地形地貌

地形地貌的多样性为冰雪旅游提供了丰富的景观和体验。高山地区以其海拔高、气温低等特点，成为滑雪、雪橇等冰雪运动的主要场所。这些地区的斜坡、山谷等地形特征为冰雪运动提供了天然的场地。而北极、南极等极地地区则以其广阔的冰原、冰川和独特的极地生态吸引着众多游客。此外，一些湖泊、河流在冬季结冰后也形成了独特的冰湖景观，为冰雪旅游增添了别样的风情。

2. 冰雪旅游的资源

（1）雪层与冰层

雪层和冰层是冰雪旅游最直接的资源。它们既为滑雪、滑冰等冰雪运动提供了必要的条件，同时也是冰雪景观的主要构成元素。稳定的雪层和冰层确保了冰雪活动的可持续进行，而雪质和冰质的好坏则直接影响着冰雪活动的体验质量。在一些地区，优质的雪层和冰层甚至成为当地冰雪旅游的核心竞争力。

（2）冰川与冰湖

冰川和冰湖是冰雪旅游中另一类重要的资源。冰川以其独特的形态和流动性，为游客带来了别样的视觉享受和探险体验。在一些地区，游客可以乘坐特制的冰川船或直升机，近距离观赏冰川的壮丽景色。而冰湖则以其静谧、纯净的特点吸引着游客。在冬季，一些湖泊结冰后形成了平滑的冰面，为滑冰、冰钓等活动提供了场地。

（3）冰雪文化与历史

除了自然景观外，冰雪旅游还涉及丰富的文化与历史资源。许多地区都有其独特的冰雪传统和习俗，如冰雪节、雪雕比赛等。这些活动不仅丰富了冰雪旅游的文化内涵，还为游客提供了更多参与和体验的机会。通过了解和体验当地的冰雪文化，游客可以更加深入地感受到冰雪旅游的独特魅力。同时，一些历史悠久的冰雪胜地还保存着丰富的历史遗迹和传统建筑，是游客了解当地历史和文化的窗口。

（二）冰雪旅游的活动与体验

冰雪旅游以其独特的活动和体验吸引着无数游客。从刺激的冬季运动到丰富的冰雪文化体验，每一项活动都为游客带来了难忘的回忆和独特的感受。

1. 冬季运动

冬季运动是冰雪旅游中最受欢迎的活动之一。它们不仅为游客带来了刺激和乐趣，还是锻炼身体和挑战自我的好方式。

滑雪与滑冰：滑雪和滑冰是冰雪运动中最经典的项目。在雪山上，游客可以穿上滑雪板，飞驰在白雪皑皑的斜坡上，感受风在耳边呼啸的速度与激情。而对于滑冰爱好者来说，冰面则提供了一个展示优雅身姿和滑冰技巧的舞台。无论是速滑还是花样滑冰，都能让游客在冰面上尽情挥洒汗水，享受冰上的自由与快乐。

雪橇与雪地摩托：乘坐雪橇或雪地摩托在雪原上穿梭，是另一种令人难忘的冰雪体验。这些活动让游客置身于广阔无垠的雪地之中，感受冰雪世界的壮美与神秘。在雪橇上，游客可以欣赏到周围的雪景和冰川，体验一把冰雪冒险的刺激。而雪地摩托则以其强大的动力和灵活的可操控性，让游客在雪地上驰骋，感受冰雪带来的无尽乐趣。

冰钓：冰钓是一项独特的冰雪运动，它要求游客在冰面上开凿一个小洞，然后垂钓等待鱼儿上钩。这项活动不仅考验游客的耐心和技巧，还让他们体验到冰雪世界的静谧与美好。在冰钓的过程中，游客可以静静地坐在冰面上，观察周围的风景和冰层下的鱼儿动态，享受独特的宁静与放松。

2. 冰雪文化体验

除了运动之外，冰雪旅游还包括一系列与冰雪相关的文化体验。这些活动为游客提供了更多了解和感受冰雪文化的机会。

冰雪艺术展览：冰雪艺术展览是冰雪文化的重要体现之一。在这些展览中，游客可以欣赏到艺术家们利用冰雪创作出的各种精美作品。这些作品形态各异、栩栩如生，充分展现了冰雪的神奇魅力和人类的艺术创造力。通过观赏这些冰雪艺术作品，游客可以更加深入地了解和感受冰雪文化的独特魅力。

冰雪雕塑比赛：冰雪雕塑比赛是一项富有创意和挑战性的活动。它要求参赛者在规定时间内用冰雪创作出精美的雕塑作品。这些作品不仅考验参赛者的雕刻技巧，还展现了他们对冰雪文化的理解和热爱。在比赛中，游客可以目睹雕塑作品从无到有的创作过程，感受冰雪雕塑艺术的独特魅力。同时，他们还可以与参赛者交流互动，了解他们的创作理念和艺术追求。

冰雪音乐节：冰雪音乐节是冰雪旅游中的另一大亮点。它以冰雪为主题，汇聚了各种音乐风格和表演形式。在寒冷的冬季，欣赏一场精彩的音乐演出，感受音乐与冰雪的完美结合，是一种别样的冰雪体验。在音乐节上，游客可以欣赏到来自世界各地的音乐家和艺术家带来的精彩表演，感受不同文化之间的交流与碰撞。同时，他们还可以参与各种互动游戏，与来自不同国家的游客一起分享欢乐和增进友谊。

（三）冰雪旅游的节庆与习俗

冰雪旅游的节庆与习俗是冰雪文化中不可或缺的一部分，它们为游客提供了丰富多彩的体验和感受，让人们在寒冷的冬季也能感受到温暖和快乐。

1. 冰雪节

冰雪节是冰雪旅游中最具代表性的节庆活动之一。这些节日通常以展示冰雪景观、推广冰雪运动和文化为主要内容，吸引了大量游客前来观赏和参与。在冰雪节期间，各地会举办各种形式的庆祝活动，如冰雪雕塑展览、冰雪运动比赛、冰雪文化表演等，让游客在欣赏冰雪美景的同时，也能感受到冰雪文化的独特魅力。例如，哈尔滨冰雪大世界是中国最著名的举办冰雪节的景点之一。每年的冬季，哈尔滨会利用其得天独厚的自然条件，打造各种壮观的冰雪景观和建筑。游客不仅可以在这里欣赏到冰雕、雪雕、冰灯等各种冰雪艺术作品，还可以参加各种冰雪运动比赛和娱乐活动，如滑雪、滑冰、雪地摩托等。此外，哈尔滨冰雪大世界还会举办各种冰雪文化表演和活动，如冰雪时装秀、冰雪婚礼等，让游客在欢乐的氛围中度过一个难忘的冬季假期。

2. 雪雕比赛

雪雕比赛是一种独特的冰雪艺术形式，也是许多国家和地区在冬季举办的传统活动。雪雕艺术家们利用雪的特性，通过雕刻、塑造等手法，创作出造型各异的雪雕作品。这些作品不仅具有极高的艺术价值，还展现了人类对冰雪的创造力和想象力。在雪雕比赛期间，游客可以近距离观赏这些精美的雪雕作品，感受冰雪艺术的魅力。同时，他们还可以参与到雪雕的创作过程中，与艺术家们交流互动，了解雪雕艺术的制作技巧和艺术内涵。此外，一些雪雕比赛还会设置互动环节，让游客有机会亲手尝试雪雕制作，体验冰雪艺术的乐趣。

3. 冬季狂欢节

冬季狂欢节是一种充满欢乐和活力的冰雪节庆活动。这些狂欢节通常在冬季的某个时间段内举行，持续数天或数周不等。在狂欢节期间，各地会举办各种形式的庆祝活动，如娱乐表演、游行、音乐会、美食节等，让游客在寒冷的冬季感受到温暖和快乐。

在冬季狂欢节中，游客可以尽情享受冰雪带来的乐趣。他们可以参加各种冰雪运动比赛和娱乐活动，如雪地拔河、雪地足球等；还可以品尝到各种冬季特色美食，如烤红薯、糖葫芦等；更可以欣赏到各种精彩的表演和游行活动，如舞龙舞狮、民族歌舞等。此外，冬季狂欢节还是结交来自世界各地朋友的好时机，游客可以与来自不同国家和地区的游客一起庆祝这个独特的冰雪季节，分享彼此的文化和欢乐。

（四）冰雪旅游的经济与社会价值

冰雪旅游以其独特的魅力和吸引力，不仅在经济层面产生了深远的影响，同时也对社会发展产生了积极的推动作用。

1. 经济价值

旅游业的迅猛增长：冰雪旅游作为一种特色鲜明的旅游形式，其吸引力不言而喻。无论是追求刺激的滑雪爱好者，还是钟情于冰雪美景的摄影发烧友，都能在这一领域找到属于自己的乐趣。这种广泛的吸引力为旅游目的地带来了大量的游客，进而转化为可观的门票收入。更为重要的是，这些游客在目的地的消费不仅局限于门票，他们还会在交通、住宿、餐饮、购物等方面进行消费，从而极大地推动了当地旅游业的整体发展。

相关产业的显著拉动：冰雪旅游的发展并非孤立存在，而是与一系列相关产业紧密相连。例如，冰雪运动器材的生产和销售随着冰雪旅游的兴起而繁荣起来，为制造业提供了新的增长点。同时，为了确保冰雪景观的持久魅力，冰雪场地的建设和维护也成为一个不可或缺的环节，这为建筑业和相关技术服务业提供了稳定的业务需求。此外，冰雪文化的创意和传播也借助冰雪旅游的平台得到了更广泛的推广，为文化产业注入了新的活力。这些产业的共同发展不仅增加了经济产值，还为社会创造了大量的就业机会。

就业机会的多元创造：冰雪旅游为当地创造了多元化的就业机会。从冰雪场地的规划、设计、建设到日常的维护和管理，都需要专业人才的参与。此外，旅游服务领域如导游、酒店员工、餐饮服务人员等也随着冰雪旅游的发展而得到了更多的就业机会。这些就业机会不仅为当地居民提供了稳定的收入来源，还通过技能培训等方式提高了他们的就业能力和素质。

2. 社会价值

地方文化的深入传承与推广：冰雪旅游不仅是经济发展的重要引擎，更是地方文化传承和推广的重要载体。通过冰雪节庆、冰雪艺术展览、冰雪民俗表演等活动，游客可以深入了解和体验当地的传统文化和风俗习惯。这种文化的传承和推广不仅增强了当地居民对自身文化的认同感和自信心，还为外界打开了一扇了解当地文化的窗口，促进了不同文化之间的交流与融合。

环境保护意识的全民提升：冰雪旅游的发展使人们更加珍视自然环境及其可持续性。为了维护冰雪资源的稳定性和可持续性，旅游目的地需要采取一系列环保措施来减少污染、节约能源等。这些措施的实施不仅保护了自然环境，还通过示范效应提升了全社会的环境保护意识。这种环保意识的提升是推动绿色发展和可持续发展的重要社会基础。

区域间的深度交流与合作：冰雪旅游的发展需要跨越行政区域的界限，实现资源的共享和优势的互补。为了共同开发冰雪旅游资源、提高旅游服务质量、打造具有竞争力的旅游品牌等目标，不同地区之间需要加强沟通与合作。这种区域间的合作不仅有助于提升冰雪旅游的整体竞争力和市场影响力，还为区域经济的协调发展提供了有力的支撑。通过合作与交流，各地区可以相互学习借鉴先进的经验和技术，共同应对挑战和困难，实现互利共赢。

二、冰雪旅游的特性

（一）冰雪旅游的季节性特征

冰雪旅游，作为一种以冰雪资源为基础的旅游形式，其季节性特征尤为明显。这种特征主要由冰雪资源的分布、气候条件以及旅游设施和服务等因素所决定。

1.冰雪资源的分布

冰雪资源主要分布在高纬度地区和高山地区，这些地区因其特殊的地理位置和气候条件，成为冰雪旅游的理想目的地。例如，欧洲的阿尔卑斯山脉、北美的落基山脉和亚洲的喜马拉雅山脉等，这些地区在冬季降雪频繁，为冰雪旅游提供了得天独厚的自然条件。

在冬季，这些地区的冰雪资源得到了充分的利用。无论是滑雪、滑冰等冰雪运动，还是观赏雪景、体验冰雪文化等活动，都需要依赖稳定的冰雪资源。因此，冰雪资源的分布是决定冰雪旅游季节性特征的重要因素之一。

2. 气候条件

气候条件是影响冰雪旅游季节性特征的另一关键因素。在冬季或冰雪季节，气温降低，降雪量增加，这为冰雪旅游提供了良好的自然环境。此时，游客可以在这些地区尽情享受滑雪、雪地摩托、冰钓等各种冰雪运动带来的乐趣。此外，冷空气的南下也会带来大量降水，进一步增加了高山地区的雪量，使冰雪景观更加壮观，为冰雪旅游提供了更好的条件。因此，气候条件的变化直接影响着冰雪旅游的季节性特征，使冰雪旅游在冬季时达到高峰。

3. 旅游设施和服务

除了自然条件外，旅游设施和服务也是影响冰雪旅游季节性特征的重要因素之一。在冬季，为了满足游客的需求，许多旅游目的地会开设各种冬季运动项目、开展雪景观赏等旅游活动。这些活动的开展需要完善的旅游设施和服务作为支撑。例如，滑雪场的建设和维护、冰雪节的组织和举办等都需要大量的场地、设施和服务人员。而这些都需要进行充分的准备和安排。因此，旅游设施和服务的完善程度直接影响着冰雪旅游的季节性特征。在冬季，随着游客数量的增加，旅游目的地也会加强设施和服务的建设和管理，以提高冰雪旅游的品质和效益。

冰雪旅游的季节性特征是由冰雪资源的分布、气候条件以及旅游设施和服务等多种因素共同作用的结果。这些因素相互关联、相互影响，共同促成冰雪旅游在冬季时的繁荣景象。然而，随着全球气候的变化和国内外旅游市场的不断发展，冰雪旅游的季节性特征也可能会发生变化。因此，对于旅游目的地和相关机构来说，需要密切关注气候变化和市场动态，及时调整、优化冰雪旅游产品和服务的供给策略，以适应这种变化并满足游客的需求。

（二）冰雪旅游的自然性

冰雪旅游作为一种独特的旅游形式，自然性是其魅力和吸引力的源泉。这种自然性不仅体现在壮丽的自然景观上，还体现在其生态价值和经济价值上。

1. 自然景观的壮丽与清新

冰雪旅游的核心资源是雪地和冰川等自然景观。这些自然景观以其壮丽、清新的特点，赋予冰雪旅游独特的魅力。雪地洁白无瑕，广袤无垠，仿佛一幅纯净的画卷，让人感受到纯净和宁静。在这片洁白的雪地上行走、滑雪、玩雪，可以让人忘却尘世的喧嚣，沉浸在这片纯净的世界中。而冰川的晶莹剔透、雄伟壮观，给人以震撼和敬畏。冰川的形态各异，有的宛如巨龙蜿蜒，有的则像城堡般巍峨耸立。在冰川的映衬下，人们会感受到大自然的伟大和神奇。此外，冰川景观的多样性也为冰雪旅游增添了无尽的魅力，如冰洞的神秘莫测、冰山的雄伟险峻、冰瀑的壮观恢宏等，都让人流连忘返，陶醉其中。

2. 生态价值的珍贵与重要

冰雪旅游的自然资源不仅具有观赏价值，还具有很高的生态价值。雪地和冰川是地球上珍贵的自然资源，对于维持地球生态平衡起着重要的作用。雪地可以反射太阳辐射，降低地表温度，从而减缓全球变暖的速度。这种自然的调节机制对于维护地球的生态平衡具有重要意义。而冰川则是地球上重要的淡水资源储备库。在冰川的融化过程中，会释放出大量的淡水，这些淡水对于调节全球水循环和气候具有重要意义。此外，冰川还孕育了众多独特的生态系统，如高山植被、野生动物等，这些生态系统对于维护生物多样性也具有重要作用。因此，保护和利用好这些自然资源，不仅可以促进冰雪旅游的发展，还可以为地球的生态保护作出贡献。

3. 经济价值的显著与多元

冰雪旅游的自然资源还具有很高的经济价值。随着人们生活水平的提高和休闲观念的转变，越来越多的人选择参加冰雪旅游活动。冰雪旅游的发展不仅可以带动相关产业的发展，如酒店、餐饮、交通等，还可以促进地方经济的增长，提高当地居民的收入水平。这种经济价值的体现是多元的，既包括直接的门票收入、酒店住宿收入等，也包括间接的就业机会创造、地方税收增加等。在冰雪旅游的开发和运营过程中，需要大量的工作人员来提供服务和管理，这些就业机会的创造对于促进社会稳定和发展也具有重要意义。因此，合理利用和开发冰雪旅游资源，对于促进地方经济发展和改善民生具有重要意义。

冰雪旅游的自然性是其独特魅力的重要组成部分，也是其持续发展的基础。通过合理保护和利用好雪地、冰川等自然景观资源，可以为地球的生态保护和经济发展作出卓越贡献。因此，应加强对冰雪旅游资源的保护和管理，合理规划冰雪旅游的发展，让更多的人能够享受到冰雪旅游带来的乐趣。同时，也需要加强宣传教育，提高公众对冰雪旅游资源保护和可持续发展的认识，共同推动冰雪旅游事业的健康发展。

（三）冰雪旅游的体验性

冰雪旅游作为一种特殊的旅游形式，体验性是其核心吸引力之一。它允许游客在一个银装素裹的世界中，全方位、多角度地感受冰雪带来的各种体验，包括与大自然的亲密接触、冬季运动的激情以及冰雪文化的独特魅力。

1. 与大自然的亲密接触

冰雪旅游为游客提供了一个难得的机会，让他们能够置身于雪地、冰川等自然景观中，与大自然进行亲密接触。在这个过程中，游客可以感受到大自然的神奇和壮丽，体验到与大自然融为一体的感觉。例如，在雪地上行走、滑雪、玩雪等活动，都能让游客深切感受到雪地的柔软和洁白无瑕。当游客置身于广袤无垠的雪地上时，他们会感受到一种与世隔绝的宁静和纯净，仿佛整个世界都被这片洁白所覆盖。这种体验让游客忘却尘世的烦恼，心灵得到极大的放松和愉悦。同时，冰雪旅游也让游客更加珍惜和爱护自然环境。在与大自然的亲密接触中，游客会深刻认识到自然环境的脆弱和宝贵，从而增强环保意识，积极参与保护自然环境的行动。

2. 冬季运动的体验

冰雪旅游为游客提供了一个体验冬季运动的绝佳平台。各种冬季运动项目，如滑雪、滑冰、雪地摩托等，让游客在亲身参与中感受到冰雪运动的激情与魅力。在滑雪过程中，游客可以感受到风驰电掣般的速度感和掌控雪板的成就感。在滑冰场上，游客可以尽情展示自己的优雅身姿和平衡能力。而雪地摩托则让游客在雪地上驰骋，感受到一种狂野和刺激。这些冬季运动项目不仅能锻炼身体，增强游客的身体素质，还能在挑战自我、超越自我的过程中，让游客感受到运动的乐趣和成就感。同时，冬季运动还能培养游客的团队合作精神和勇气，增强游客的自信心和意志力。这些运动体验不仅让游客在冰雪世界中留下难忘的回忆，还让他们在未来的生活中受益匪浅。

3. 冰雪文化的领略

冰雪旅游还能让游客领略到独特的冰雪文化。在冰雪旅游的过程中，游客可以参观各种冰雪景观，了解冰雪文化的历史渊源，感受当地的风土人情。例如，在北欧地区的冰雪旅游中，游客可以参加当地的冬季狂欢节，感受浓厚的节日氛围和独特的民俗文化。在亚洲地区的冰雪旅游中，游客可以参观冰雕展、雪雕展等冰雪艺术展览，欣赏到精湛的冰雪雕刻技艺和美妙的冰雪艺术作品。这些独特的文化体验不仅能丰富游客的视野，还能让他们深刻感受到冰雪旅游的独特魅力。同时，冰雪文化也是冰雪旅游的重要组成部分，它为冰雪旅游增添了深厚的文化底蕴和内涵，让游客在享受美好时光的过程中留下难忘的回忆。

冰雪旅游的体验性是其独特魅力的重要组成部分。通过与大自然的亲密接触、冬季运动的体验、冰雪文化的领略等方面的亲身体验，游客可以深刻感受到冰雪旅游的魅力和乐趣。因此，冰雪旅游必将在未来旅游市场中占据

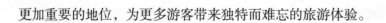

更加重要的地位，为更多游客带来独特而难忘的旅游体验。

（四）冰雪旅游的文化性

冰雪旅游不仅是一场视觉与体验的盛宴，更是一次文化的深度沉浸。它以其独特的文化内涵和表现形式，吸引着无数游客前来探寻和体验。

1.冰雪文化的深度体验

冰雪旅游为游客提供了深入体验冰雪文化的机会。这种体验不仅局限于冰雪运动带来的刺激和快乐，更在于对冰雪文化所蕴含的深厚底蕴和独特魅力的深入了解。在冰雪旅游中，游客可以接触到各种与冰雪相关的历史、传统、习俗和艺术，从而更加全面地了解冰雪文化的丰富性和多样性。例如，在滑雪过程中，游客可以了解到滑雪运动的起源、发展以及在不同地区的文化差异。在参观冰雕展时，游客可以欣赏到冰雕艺术家们的精湛技艺和无穷创意，同时了解到冰雕艺术的历史渊源和文化内涵。这些深度体验让游客对冰雪文化有了更深刻的认识和理解，增强了他们对冰雪文化的兴趣和喜爱度。

2.冰雪景观的艺术欣赏

冰雪旅游中，游客可以欣赏到独具特色的冰雪景观，如冰雕、雪景等。这些景观以其独特的艺术形式和表现手法，展现了冰雪文化的瑰丽和神奇。冰雕艺术家们利用冰的透明性和反射性，创作出各种栩栩如生、美轮美奂的艺术作品，让游客在欣赏的过程中感受到冰雪文化的独特魅力。同时，不同地区的冰雪景观也呈现出不同的文化特色和风格。例如，北欧地区的冰雪景观以其简洁、明快的线条和色彩著称，而亚洲地区的冰雪景观则更加注重细节和精致度。游客在欣赏这些景观的过程中，不仅可以领略到不同地区的冰雪文化特色，还能感受到不同文化之间的交流与融合。

3.冰雪活动的文化参与

冰雪旅游还为游客提供了参与各种冰雪运动的机会，例如，在滑雪过程中，游客需要掌握一定的滑雪技巧和规则，这些技巧和规则背后蕴含着丰富的文化内涵和历史传承。通过参与这些活动，游客可以更加深入地了解冰雪文化的历史渊源、发展脉络和文化内涵。此外，一些冰雪旅游目的地还会举办各种冰雪文化节庆活动，如冰雪节、冬泳比赛等。这些活动为游客提供了与当地文化近距离接触的机会，让他们感受到冰雪文化与当地民俗风情的紧密结合，从而增强对冰雪文化的认同感和归属感。

4.文化交流活动形式丰富

冰雪旅游还通过各种形式的文化交流活动，让游客更深入地了解当地的冰雪文化。这些活动包括冰雪文化展览、冰雪民俗表演、冰雪文化讲座等。例如，在冰雪文化展览中，游客可以欣赏到各种与冰雪相关的文物、艺术品和历史照片，从而更加直观地了解冰雪文化的历史和发展。在冰雪民俗表演中，游客可以观看到当地民众在冰雪环境中举行的各种传统仪式和庆典活动，感受到冰雪文化与当地民俗风情的紧密联系。这些文化交流活动为游客提供了与当地文化近距离接触的机会，让他们感受到不同文化之间的差异和相似之处。通过参与这些活动，游客可以增强自己的文化敏感性和跨文化交流能力，更好地理解和尊重不同地区的文化传统和习俗。因此，应该积极推广冰雪旅游，让更多的人了解和体验这种独特的文化形式，促进不同文化之间的交流和融合。

（五）冰雪旅游的可持续性

冰雪旅游作为一种独特的旅游形式，其可持续性发展对于保护自然环境、传承地域文化和促进经济社会的和谐发展具有重要意义。

1.环境保护的紧迫性

冰雪旅游依赖于独特的自然环境和气候条件，因此环境保护对于冰雪旅游的可持续性至关重要。在冰雪旅游的开发过程中，必须注重保护原生环境，避免过度建设和开发对自然生态造成的破坏。这包括合理规划旅游区域、控制游客容量、减少旅游设施对环境的冲击等方面。同时，加强环境监测和评估也是确保冰雪旅游可持续性的重要手段。通过对旅游区域的环境质量进行定期监测和评估，可以及时发现和解决环境问题，确保旅游活动对环境的影响在可控范围内。此外，对于一些可能对环境造成严重破坏的旅游项目应予以限制或禁止，以推动绿色低碳的旅游方式。

2. 资源永续利用的策略

资源永续利用是冰雪旅游可持续发展的关键。为了实现这一目标，需要在冰雪旅游活动中注重节约能源和资源，减少浪费现象。例如，优化旅游路线和交通方式，降低能源消耗；推广可再生能源和节能设备的使用；鼓励游客参与环保活动，减少对环境的负面影响。此外，加强冰雪资源的科学管理和规划也是实现资源永续利用的重要途径。通过对冰雪资源的全面调查和评估，了解其分布、数量、质量等基本情况，为合理规划和开发提供科学依据。同时，建立完善的资源管理制度和监管机制，确保冰雪资源的合理利用和保护。这包括制定严格的资源开发标准和审批程序、加大资源在使用过程中的监管和执法力度等。

3. 环保意识提升的重要性

提高环保意识是实现冰雪旅游可持续发展的重要保障。这需要通过各种渠道向游客传播环保理念，引导游客自觉遵守环保规定，养成良好的旅游习惯。例如，在旅游区域设置环保提示标识、开展环保主题宣传活动、鼓励游客参与环保志愿服务等。同时，加强对从业人员的培训和管理也是提高环保意识的有效途径。通过定期举办环保培训课程和讲座，提高从业人员的环保意识和专业素养。此外，建立环保考核和奖励机制，激励从业人员积极参与环保行动，共同营造绿色、健康的冰雪旅游环境。

4. 政府、企业与社会的共同责任

冰雪旅游的可持续性发展需要政府、企业和社会各方的共同努力。政府应制定相关政策和法规，规范冰雪旅游的开发和经营行为，确保其符合环境保护和资源永续利用的要求。同时，通过财政、税收等手段鼓励和支持绿色低碳的旅游方式。企业应积极承担社会责任，加强自律管理，注重环境保护和资源节约。通过技术创新和模式创新推动绿色低碳的旅游方式的发展。此外，企业还应加强与政府、社区等相关方的沟通与合作，共同推动冰雪旅游的可持续性发展。社会各界也应积极参与到冰雪旅游的可持续性发展中来。媒体应加大环保宣传和教育力度，提高公众的环保意识和参与度；教育机构应将环保理念融入课程设置中，培养具有环保意识的新一代；社区应组织居民参与环保活动和志愿服务，共同营造绿色、健康的生活环境。

冰雪旅游的可持续性是其长期发展的关键所在。通过加强环境保护、实现资源永续利用、提升环保意识以及政府、企业与社会的共同责任等方面的努力，可以推动冰雪旅游产业向更加绿色、低碳、可持续的方向发展。这不仅有利于保护自然环境和传承地域文化，还能促进经济社会的和谐发展，实现人与自然的和谐共生。

第二节　全球及中国冰雪旅游发展现状

一、全球冰雪旅游的发展现状

随着全球气候的变化，冰雪资源分布展现出了其独特性，使冰雪旅游在全球范围内焕发出前所未有的吸引力。尤其在中国这样的发展中大国，冰雪旅游的发展更是受到了广泛关注，成为旅游市场中的一颗璀璨明星。全球气候变化使得一些原本并不被广泛关注的地方因其冰雪资源而逐渐受到瞩目。

气温的上升导致冰雪融化速度加快，但这并不意味着冰雪旅游的衰退，相反，它促使了冰雪旅游市场的扩大和深化。因为人们更加珍惜和重视这些逐渐消逝的自然奇观，愿意在它们消失之前去亲身体验和欣赏。例如，阿尔卑斯山脉、落基山脉和安第斯山脉等地，这些地区冰雪覆盖的山峰、冰川形成的雪景在全球范围内都享有盛誉。它们不仅是自然风光的展现，更是地球气候变化的见证。数以百万计的游客被这些地方的壮丽景色所吸引，纷纷前来体验冰雪带来的乐趣和震撼。

随着冰雪旅游资源的日益凸显，冰雪旅游市场也呈现出持续扩大的趋势。越来越多的旅游企业和投资者看到了这一市场的巨大潜力，纷纷进入冰雪旅游领域，开发各种冰雪旅游产品。滑雪、滑冰、雪地徒步等传统冰雪运动项目仍然受到广大游客的喜爱。但同时，一些新兴的冰雪旅游项目，如雪地摩托、冰雕展、冰雪文化节等也逐渐受到游客的追捧。这些项目的出现不仅丰富了冰雪旅游的内容，也满足了不同游客的多样化需求。为了进一步提高冰雪旅游的知名度和吸引力，各地政府和旅游企业也积极开展冰雪旅游的宣传推广活动。通过举办冰雪旅游节、冰雪运动赛事、冰雪文化展览等活动，吸引更多游客前来体验和参与。同时，利用互联网、社交媒体等新媒体平台，广泛传播冰雪旅游的相关信息和精彩瞬间，让更多人了解和关注冰雪旅游。作为全球最大的发展中国家，中国在冰雪旅游方面的发展尤为引人注目。近年来，中国政府大力推动冰雪旅游产业的发展，通过政策扶持、基础设施建设、人才培养等措施，为冰雪旅游的快速发展创造了有利条件。同时，中国丰富的冰雪资源和独特的文化底蕴也为冰雪旅游的发展提供了有力支撑。

随着全球气候的变化，一些原本并非典型的冰雪旅游目的地也开始尝试利用冰雪资源吸引游客。这些地区通过技术创新和人工设施的建设，如人工滑雪场、滑冰场等，为游客提供了体验冰雪运动的机会。这种趋势不仅反映了冰雪旅游的普及和受欢迎程度，也展现了人类对于自然资源的创造性利用。人工冰雪旅游项目的出现，在一定程度上弥补了自然冰雪资源的稀缺性，使更多地区的游客能够享受到冰雪运动的乐趣。同时，这些项目也为当地经济带来了新的增长点，促进了旅游相关产业的发展。然而，冰雪旅游的快速发展也带来了一系列问题。例如，一些地区为了追求短期经济利益，过度开发冰雪资源，导致资源迅速枯竭和环境破坏。这种行为不仅威胁到了冰雪旅游的长期可持续发展，也对当地生态环境造成了不可逆的损害。此外，随着冰雪旅游市场的不断扩大、游客数量持续增加，给冰雪旅游区的环境和生态带来了巨大压力。人流量的增加可能导致交通拥堵、噪声污染、垃圾堆积等问题，严重影响游客的旅游体验和当地居民的生活质量。面对这些挑战，如何在保护环境的前提下合理开发冰雪旅游资源，实现可持续发展成了关键。可持续发展强调在满足当前需求的同时，不损害未来世代的需求。在冰雪旅游领域，这意味着需要在保护环境、节约资源和确保社会经济效益之间找到平衡。为了实现可持续发展，冰雪旅游目的地需要采取一系列措施。首先，应制定严格的环保法规和政策，规范冰雪旅游的开发和经营行为。其次，推广绿色旅游理念和技术，鼓励使用可再生能源和环保材料，减少旅游活动对环境的影响。最后，加强游客教育和管理，提高游客的环保意识和行为素养。全球气候变化对冰雪旅游市场产生了深远的影响。一方面，气候变化导致一些地区的冰雪资源减少或消失，使这些地区的冰雪旅游面临挑战。另一方面，气候变化也催生了一些新的冰雪旅游目的地和项目的出现。为了应对气候变化带来的影响，冰雪旅游目的地需要加强合作和交流，共同研究和应对气候变化对冰雪旅游的影响。同时，也需要加强科技创新和研发投入，推动冰雪旅游的技术进步和产业升级。

冰雪旅游市场的扩展与可持续发展是一个紧密相连的过程。在追求经济利益的同时，必须注重环境保护和可持续发展，确保冰雪旅游资源的长期利用和生态平衡。只有这样，才能让更多的人享受到冰雪旅游的乐趣，同时保护珍贵且美丽的自然环境。

随着科技的日新月异，滑雪装备已经发生了翻天覆地的变化。这些变化不仅体现在外观和设计上，更体现在功能和性能上。例如，新型智能滑雪眼镜，这款眼镜不仅为滑雪者提供了更为清晰、宽广的视野，还集成了多种高科技功能。通过内置的传感器和显示屏，滑雪者可以实时查看自己的速度、位置、滑行轨迹等信息，甚至还可以接收来自手机的通知。这种智能化的设计，不仅让滑雪过程更加有趣和可控，也为滑雪者的安全提供了额外的保障。此外，高科技滑雪服和滑雪板也是近年来冰雪旅游装备领域的重要创新。这些滑雪服采用了先进的保暖材料、透气技术和防水设计，确保滑雪者在运动过程中保持舒适。而高科技滑雪板则采用了新型复合材料、精准的重量分布设计和独特的滑行面设计，为滑雪者提供了更为稳定、敏捷和快速的滑行体验。除了滑雪装备，雪场管理技术的智能化升级也是近年来冰雪旅游领域的重要趋势。现代雪场已经引入了各种先进的智能化监控系统，这些系统可以实时监测雪场的气候、雪质、人流量等情况，为雪场管理者提供全面、准确的数据支持。通过这些数据，管理者可以及时调整雪场的运营策略，确保为游客提供最佳的滑雪体验。

先进的造雪技术也为雪场的运营带来了革命性的变化。这些技术可以在合适的时间、地点提供优质的雪质，确保滑雪场的正常运营，不仅为滑雪者提供了更为稳定、安全的滑行环境，也为雪场带来了更大的经济效益。技术进步对冰雪旅游的影响是全方位的，从滑雪装备到雪场管理技术，都为冰雪旅游带来了巨大的变革。这些变革不仅提高了冰雪旅游的便捷性、安全性和舒适度，也为整个产业带来了巨大的经济效益。随着技术的不断发展，冰雪旅游有望实现更加智能化、个性化的服务，为游客带来更加美好的体验。同时，技术进步也推动了冰雪旅游产业的多元化发展。例如，虚拟现实、增强现实等技术的应用，为冰雪旅游提供了全新的娱乐和学习方式。游客可以通过这些技术，在虚拟的雪场中体验滑雪的乐趣，或者在现实的雪场中，通过增强现实技术获取更多的信息和指导。这种多元化的发展趋势，不仅丰富了冰雪旅游的内容，也扩大了其受众群体，为整个产业带来了更大的发展潜力。

环境问题逐渐成为该产业面临的一大挑战。由于大量游客的涌入和各种旅游活动的开展，冰雪旅游目的地的自然环境承受了前所未有的压力。这种压力不仅来自物理性的破坏，如土地侵蚀、植被破坏等，还来自化学性的污染，如废水、废气排放等。为了保护这些珍贵的自然资源，冰雪旅游产业必须采取一系列积极的措施。首先，限制游客数量是一种直接而有效的方法，它可以减轻环境承载压力，防止过度开发。其次，加强环境监测也是必不可少的，通过对环境指标的持续跟踪和评估，可以及时发现和解决环境问题。最后，推广环保理念也是至关重要的，它可以提高游客和从业人员的环保意识，促进环保行为的普及。在全球气候变化和资源紧张的大背景下，可持续发展已经成为冰雪旅游产业不可回避的议题。为了实现可持续发展，冰雪旅游产业需要关注经济、社会和环境三个方面的平衡。在经济方面，冰雪旅游产业需要寻求与环境保护相协调的盈利模式。例如，通过开发绿色旅游产品、推广节能降耗技术等措施，可以在满足游客需求的同时，减少对环境的影响。在社会方面，冰雪旅游产业需要关注当地社区的利益和福祉。通过与当地社区建立合作关系、提高当地居民的生活水平等措施，可以实现产业与社会的和谐发展。在环境方面，冰雪旅游产业需要采取积极的环保措施，确保产业的长期发展不会损害自然环境和生态系统。面对全球性的环境问题，冰雪旅游产业需要加强国际合作，共同应对挑战。通过国际合作，各国可以共享资源、技术和经验，推动冰雪旅游产业的可持续发展。例如，建立国际性的行业组织或平台，促进各国之间的交流与合作；制定国际性的行业标准和规范，推动产业的绿色转型；开展联合研究和项目合作，共同探索可持续发展的新模式和新路径。

二、中国冰雪旅游的发展现状

中国政府对冰雪旅游的重视和大力支持，以及民间和国际资本的投入，共同推动了冰雪旅游的快速发展。近年来，中国政府将冰雪旅游作为重点发展的产业之一，制定了一系列政策措施，包括财政补贴、税收优惠等，以鼓励企业和个人投资冰雪旅游项目。这些政策的出台，为冰雪旅游的发展提供了强有力的政策支持。除了政府的支持外，民间和国际资本也积极投入冰雪旅游的开发和建设中。许多企业家和投资者看到了冰雪旅游的市场潜力，纷纷涉足这一领域，并且投资建设冰雪旅游设施，如滑雪场、冰雪主题公园等，为游客提供更加丰富和优质的旅游体验。同时，国际资本的进入也为中国冰雪旅游带来了先进的管理经验和技术支持。在政府的支持、民间和国际资本的投入下，中国冰雪旅游取得了显著的成效，冰雪旅游的游客数量和旅游收入逐年增长，成为旅游业的一大亮点。同时，冰雪旅游的发展还带动了相关产业的发展，如餐饮、住宿、交通等，为当地经济带来了新的增长点。随着政策的不断完善，市场需求的不断增长，相信中国冰雪旅游将迎来更加美好的发展前景。

中国在冰雪旅游基础设施的建设上进行了前所未有的投资，旨在推动冰雪旅游产业的发展。这些投资涵盖了多个领域，包括雪场、索道、酒店等。中国在雪场建设方面投入了大量资金，为了满足广大冰雪爱好者的需求，中国在国内外建设了多个滑雪场，这些滑雪场不但设施齐全，而且各有特色。例如，长白山滑雪场以其优质的雪质和优美的自然风光，吸引了众多国内外游客前来体验。此外，崇礼雪场则凭借其先进的设施和丰富的赛事经验，成为亚洲乃至世界级的滑雪胜地。索道是中国冰雪旅游基础设施的重要组成部分，作为连接山峰和滑雪场的交通工具，索道不仅方便了游客的出行，还为景区带来了可观的收入。目前，中国已建成了多条先进的索道，如长白山天池环线索道、张家口崇礼区太子城至云顶滑雪场客运索道等。这些索道的建设和运营，既为游客提供了便捷的交通方式，也为当地经济发展注入了活力。

酒店是中国冰雪旅游基础设施建设的重要一环，为了满足日益增长的游客需求，中国在冰雪旅游胜地建设了众多高品质的酒店。这些酒店不仅提供舒适的住宿环境，还配备了各种现代化的设施，如室内游泳池、健身房、SPA 等。此外，酒店还提供各种特色服务，如滑雪租赁、导游服务、主题活动等，以满足不同游客的需求。

这些基础设施的建设不仅为游客提供了更好的旅游体验，还为当地经济发展带来了巨大的推动力。未来，随着冰雪旅游产业的持续发展，中国将继续加大在冰雪旅游基础设施上的投入，以提升冰雪旅游的品质和竞争力。

中国拥有丰富多彩的文化，这些独特的文化元素同样为冰雪旅游注入了新的活力。在冰雪旅游中，游客可以欣赏到中国传统建筑、民俗文化和冰雪景观的完美结合。哈尔滨的冰雪大世界就是一个典型的例子，这是一个集冰雪景观、冰雪娱乐、冰雪文化于一体的主题公园。作为中国北方冰雪景观的代表，冰雪大世界充分展示了中国北方冰雪的壮丽和独特魅力。从景观的角度来看，冰雪大世界的规模和壮观程度堪称世界之最。每年冬天，整个公园被洁白的冰雪覆盖，仿佛置身于一个冰雪王国之中。冰雕、雪雕等各种冰雪景观令人叹为观止，每一处都充满了艺术气息。尤其在夜晚，五光十色的灯光将冰雪大世界装点得如梦如幻，让人仿佛置身于童话世界之中。冰雪大世界在冰雪娱乐方面也做得非常出色。这里有各种冰雪运动项目，如滑雪、滑冰等，让游客在欣赏美景的同时，也能尽情享受冰雪带来的乐趣。此外，冰雪大世界还有各种冰雪主题的演出和活动，如冰上舞蹈、雪地杂技等，为游客带来丰富多彩的视觉盛宴。冰雪大世界还是一个展示冰雪文化的平台，这里不仅有各种冰雪景观和娱乐项目，还有关于冰雪历史、文化和艺术的展览和表演，游客可以在这里深入了解中国北方的冰雪文化，感受其深厚的历史底蕴和独特的魅力。因此，无论是从景观、娱乐还是文化角度来看，冰雪大世界都是一个值得一游的地方。

此外，中国的传统冰雪运动，如滑冰、滑雪等，也为中国冰雪旅游增添了浓厚的文化色彩。这些运动不仅是一种娱乐方式，更是一种文化和传统的传承。在中国的冰雪旅游中，游客可以亲身体验这些传统冰雪运动的魅力，感受中国冰雪文化的独特韵味。比如滑冰是中国传统冰雪运动之一，在中国，滑冰被认为是一种优雅、优美的运动，有着悠久的历史和深厚的文化底蕴。在古代，滑冰被称为"冰嬉"，是宫廷贵族们的娱乐活动之一。随着时间的推移，滑冰逐渐成为民间的一种运动，并在各地广泛传播。如今，在中国的冰雪旅游中，滑冰已经成为一项备受欢迎的活动，游客可以在冰面上尽情滑行，感受滑冰带来的速度与激情，同时领略中国传统的冰雪文化。再如，滑雪也是中国传统的冰雪运动之一，中国的滑雪运动历史悠久，早在唐代，人们就开始在冬季进行滑雪运动。在古代，滑雪被用于狩猎、运输等生产活动。随着时间的推移，滑雪逐渐演变为一种娱乐活动，并在一些地区形成了独具特色的滑雪文化。如今，在中国的冰雪旅游中，滑雪已经成为一项重要的活动。游客可以在雪山上体验滑雪的乐趣，感受大自然的美妙与神奇，同时还可以领略中国传统的滑雪文化，了解中国冰雪运动的起源和发展。

除了滑冰和滑雪之外，中国还有许多其他的传统冰雪运动，如冰蹴、冰陀螺等。冰蹴，又被称为"踢冰"，是一项源于中国的古老冰雪运动，类似于现代的冰球运动，但使用的球是冰制成的，因此更加轻盈和灵活。冰蹴比赛通常在宽阔的冰面上进行，两队球员用特殊的冰蹴棒击打冰球，以将球射入对方球门。这项运动不仅需要技巧和力量，还需要球员之间的默契和配合。冰蹴在中国北方地区尤为流行，是冬季人们喜爱的娱乐活动之一。冰陀螺也是中国传统的冰雪运动之一，通常由一根细长的杆和一个旋转的圆盘组成，玩家通过用杆控制陀螺的旋转速度和方向，使陀螺在冰面上长时间旋转。冰陀螺需要玩家掌握一定的技巧和平衡能力，是一项富有挑战性的运动。在中国的东北地区，冰陀螺是一项非常受欢迎的传统冰雪运动，人们常常在冬季的户外活动中玩冰陀螺，享受冰雪运动的乐趣。这些运动都具有浓厚的地方特色和民族风味，为中国冰雪旅游增添了丰富的文化内涵，不仅是中国文化的重要组成部分，也是大家冬季娱乐和锻炼的重要方式。同时，这些运动不仅有助于提高人们的身体素质和协调性，还能增强人们之间的友谊和团结。传统冰雪运动的传承和发展，不仅对于中国人民的身心健康有很大的益处，对于推广中国文化和体育事业的发展也有着积极的作用。游客可以在体验这些传统冰雪运动的同时，了解中国的历史和文化，感受中国冰雪旅游的独特魅力。

技术创新也在推动中国冰雪旅游的发展。随着科技的进步，冰雪旅游设施不断完善，为游客提供了更加便捷、安全的旅游体验。例如，现代的冰雪旅游场地采用了先进的制冷技术和材料，保证了滑雪场的雪质和滑冰场的冰面质量。这不仅提供了更为出色的运动条件，还确保了游客在冰雪活动中的安全性。比如，现在有些滑雪场利用智能除雪设备，及时清理雪道，确保滑雪者在优质的雪道上畅享滑行的乐趣。此外，虚拟现实、增强现实等技术也被应用于冰雪旅游中，为游客提供了更加丰富、互动的旅游体验。通过这些技术，游客可以在家中就能感受到身临其境的冰雪世界，或者在实地体验中获得更多的互动乐趣。比如，VR技术可以让游客在体验滑冰或滑雪之前进行模拟训练，提高运动技能。

中国冰雪旅游的发展，还受益于大数据和人工智能的应用。通过收集和分析游客的行为数据，旅游部门可以更好地了解游客的需求和偏好，从而制定更加精准的市场策略。同时，人工智能也被广泛应用于旅游服务中，如智能导游、智能客服等，为游客提供了更加个性化的服务。因此，技术创新为中国冰雪旅游带来了革命性的变革，不仅提升了旅游设施的品质和游客的体验，还为中国冰雪旅游的持续发展注入了强大的动力。未来，随着技术的不断进步，相信中国冰雪旅游会更加繁荣发展，为国内外游客带来更多的惊喜和美好的回忆。通过将中国独特的文化元素与冰雪旅游相结合，技术创新也同时在加速冰雪旅游的发展。随着中国冰雪旅游的不断发展和完善，相信会有更多的游客能够领略到中国冰雪旅游的独特魅力和文化底蕴。

尽管中国冰雪旅游近年来发展迅速，但同时也面临着诸多挑战，环境保护是其中之一。随着游客数量的增加，如何保护雪场和周边环境，防止过度开发和污染，成为一个亟待解决的问题。此外，服务质量也是一大挑战。由于冰雪旅游需要大量的专业设备和人员，如何提供优质的服务，满足游客的需求，也是摆在从业者面前的一大难题。另外，随着国际竞争的加剧，如何提高中国冰雪旅游的国际竞争力，吸引更多的国际游客，也是一个需要面对的挑战。为了应对这些挑战，中国冰雪旅游需要采取一系列措施，促进中国冰雪旅游实现可持续发展，成为国内外游客喜爱的旅游目的地。

第三节　冰雪旅游的吸引力与挑战

随着冬季的来临，冰雪旅游逐渐成为人们休闲娱乐的热门选择。冰雪旅游不仅带给人们独特的视觉享受，还具有挑战性、刺激性和文化内涵，这些都是其吸引力的源泉。与此同时，冰雪旅游也面临着一些挑战。

一、冰雪旅游的吸引力

独特的自然景观是冰雪旅游最强大的吸引力。冰雪旅游的基础是雪和冰，这些元素在大自然中创造出令人惊叹的景观。雪和冰是冰雪旅游的核心，为游客提供了丰富的自然奇观和独特的旅游体验。漫天飞舞的雪花、被冰封的山川河流，这些独特的自然景观给人以纯净、宁静、壮美的感受，使冰雪旅游具有最直接的吸引力。雪和冰的魅力在于它们的纯净和壮美，在雪花的点缀下，世界变得洁白无瑕，仿佛一切都被洗涤干净。冰封的山川河流则呈现出一种静谧的美感，让人感受到大自然的神奇和力量。这些自然景观不仅让人心旷神怡，还能激发人们的探索欲望和创作灵感。

冰雪旅游的吸引力还体现在其独特的体验上。游客可以在雪地上尽情玩耍，享受滑雪、玩雪橇等冰雪运动的乐趣；也可以在冰面上滑冰、溜冰，感受冰上运动的刺激和愉悦。这些冰雪活动不仅让人体验到不同的运动乐趣，还能在冰天雪地中感受到大自然的力量和美丽。除了自然景观和冰雪活动外，冰雪旅游还具有丰富的文化内涵。不同国家和地区都有独特的冰雪文化和传统，如北欧的滑雪文化、日本的雪祭节等。这些文化传统不仅丰富了冰雪旅游的内涵，还让游客在旅游过程中感受到不同地域的文化魅力。而冰雪旅游的基础——雪和冰所创造的自然景观，则是吸引游客的最直接因素。冰雪活动和文化也让冰雪旅游具有更丰富的内涵和独特的魅力。随着人们对冰雪旅游的需求不断增加，冰雪旅游的发展前景也将更加广阔。

冰雪旅游中的冰雪运动项目，如滑雪、滑冰、雪地摩托等，都带有一定的挑战性和刺激性，这种挑战与刺激能够激发人们的勇气和冒险精神，满足人们追求新鲜和刺激的需求。对于很多人来说，这种挑战与刺激正是他们所追求的一种旅游体验，比如滑雪是一项非常刺激和有趣的冰雪运动，不仅能让人们在冰天雪地中感受到自由和愉悦，还能够锻炼身体，提高身体的灵活性和协调性。滑雪高手在陡峭的山坡上滑行，展现出惊人的技巧和勇气，让人们感受到无限的魅力和刺激。对于初学者来说，滑雪也是一种很好的挑战，并且需要在专业教练的指导下逐渐掌握技巧，体验滑雪带来的乐趣。滑冰也是一项非常有趣的冰雪运动，在宽阔的冰面上，人们可以自由地滑行、旋转、跳跃，感受冰面带来的清凉和舒适感。与滑雪不同，滑冰更注重身体的平衡和协调性，需要人们不断调整身体的姿态和力度。在滑冰的过程中，人们可以放松身心，享受大自然的美妙和神奇，体验到一种独特的愉悦和满足。雪地摩托也是冰雪旅游中备受欢迎的一项运动，这种摩托车能够在雪地上自由地驰骋，带给人们无限的速度与激情。在雪地摩托的驾驶过程中，人们可以感受到机械与自然的完美结合,体验到一种独特的冒险和刺激。同时,雪地摩托还是一种非常适合团队活动的冰雪运动,可以和朋友一起在雪地上尽情驰骋、探索未知的领域。因此,对于那些追求新鲜、刺激和挑战的人们来说,冰雪旅游绝对是一种不容错过的旅游形式。这些冰雪运动项目也是对身心健康的投资,让人们在体验乐趣的同时也能够保持健康的状态。在未来的发展中,冰雪旅游有望成为越来越受欢迎的旅游形式之一,吸引更多的人们前来感受冰雪运动带来的独特魅力和刺激。

冰雪旅游蕴含丰富的地域文化和民俗风情。例如,北国的冰雕、雪景蕴含着深厚的地方文化底蕴,这种文化体验也是冰雪旅游的一大吸引力。在这个充满魅力和活力的领域中,不仅局限于冰雪运动的范畴,更是一次全方位的体验,一次与地域文化和民俗风情深度交融的旅程。冰雪旅游不仅满足了人们对自然美景的向往,更提供了一种独特的文化感知方式。冰雪旅游让人们有机会领略到壮丽的冰雕和雪景,这些自然景观仿佛是大自然的杰作,美轮美奂,令人叹为观止。无论是晶莹剔透的冰雕,还是洁白无瑕的雪景,都给人带来一种纯净和宁静的感觉,仿佛置身于一个梦幻的世界。这些美景不仅是大自然的馈赠,更是北方人民世代相传的文化遗产。

冰雪旅游还让人们深入了解和体验各地的民俗风情,以南方的冰雪旅游为例,游客可以品尝到具有地方特色的美食,如糍粑等,这些美食不仅满足了味蕾的需求,更传递了一种地域文化的气息。与此同时,游客还可以参与到各种民俗活动中,如剪纸、制作糖人等,亲身体验传统文化的魅力。这些活动不仅丰富了冰雪旅游的内涵,也使得游客能够更深入地了解和感受地方文化。更为重要的是,冰雪旅游提供了一种独特的文化体验方式。在冰雪旅游中,游客可以亲身体验到不同地域的文化特色,感受到不同民族的风俗习惯。这种文化体验不仅让游客收获了知识,也使游客们能够更加尊重和欣赏各种文化的独特性。所以,冰雪旅游不仅是一种运动体验,更是一次文化的感知和心灵的洗礼,让人们有机会领略到大自然的壮丽景色,深入了解各地的民俗风情，亲身体验传统文化的魅力。在冰雪旅游中，人们不仅能够放松身心，也能够拓宽视野，丰富自己的文化底蕴。因此，应更加重视和推广冰雪旅游，让更多的人能够享受到这种独特的文化体验。

二、冰雪旅游面临的挑战

一是季节性限制的挑战。冰雪旅游作为一项独特的旅游活动，深受广大游客的喜爱。然而，由于其主要集中在冬季，受季节限制较大，这使得旅游地的经营时间和收益都受到了极大的限制。为了打破这种季节性限制，旅游地需要积极开发更多适合其他季节的旅游项目，以吸引游客在非冬季时期前来旅游。比如旅游地可以推出一些室内冰雪活动，由于这些活动不受季节限制，游客在非冬季时期也可以体验到冰雪运动的乐趣。例如，室内滑冰场、人工滑雪场等都是不错的选择，这些场所可以提供与室外冰雪活动相似的体验，让游客在任何季节都能感受到冰雪运动的魅力。

旅游地也可以推出一些户外夏季项目，例如，徒步旅行、露营、骑行等，都是适合夏季的户外活动。这些活动可以让游客在自然环境中体验到与冰雪旅游不同的乐趣，同时也为旅游地带来了更多的收益。旅游地还可以通过举办各种活动和节庆日来吸引游客，例如，音乐节、艺术节、美食节等，都可以成为吸引游客的亮点。这些活动可以增加旅游地的知名度和吸引力，同时也可以为当地经济带来更多的收益。

二是基础设施建设的挑战。为了满足游客的需求，冰雪旅游地的基础设施建设显得尤为重要，这不仅涉及交通、住宿、餐饮等基础设施的完善，更是冰雪运动设施建设的关键所在。交通是游客能够顺利到达和离开冰雪旅游地的关键，为了方便游客的出行，冰雪旅游地需要建设完善的交通网络，包括公路、铁路和航空等多种交通方式。同时，还需要加强交通管理，确保交通的顺畅和安全。住宿和餐饮也是冰雪旅游地需要重点考虑的因素，游客在冰雪旅游地需要有舒适、安全的住宿环境，以及美味、营养的餐饮服务，因此冰雪旅游地需要建设各种类型的住宿设施，包括酒店、度假村、民宿等，并提供各种餐饮服务，满足不同游客的需求。然而，最关键的莫过于冰雪运动设施的建设和维护。冰雪运动是冰雪旅游地的核心吸引力，因此，建设和维护高质量的冰雪运动设施是至关重要的，这需要投入大量的资金和人力，包括滑雪道、滑冰场、雪橇场等设施的建设和维护。同时，还需要提供各种冰雪运动培训和教练服务，以确保游客的安全和享受冰雪运动的乐趣。

除此之外，冰雪旅游地还需要提供其他服务，如导游服务、旅游信息中心、紧急救援服务等，以确保游客的行程顺利和安全。这些服务需要专业的人员来提供，因此，冰雪旅游地需要培养大量的专业人才。为了满足游客的需求，冰雪旅游地需要不断完善基础设施建设，提高服务质量，提供丰富的冰雪运动体验。只有这样，才能吸引更多的游客前来体验冰雪旅游的魅力。

三是环境保护与可持续发展的挑战。在冰雪旅游逐渐崭露头角的今天，人们也面临着环境保护的严峻挑战。如何在享受冰雪美景的同时，确保生态环境的可持续发展，成了冰雪旅游的核心议题。政府作为公共利益的守护者，应发挥主导作用。比如通过制定严格的环保法规，限制对自然环境的破坏行为，加大对违规行为的处罚力度。通过设立环保基金，为可持续冰雪旅游的开发和保护提供资金支持。企业作为市场主体，同样承担着不可推卸的责任。在规划冰雪旅游项目时，企业应充分考虑环境影响，采用环保材料和技术，减少对环境的负担。同时，与科研机构合作，研发更多环保、节能的冰雪旅游设施，推动行业的绿色发展。而游客作为冰雪旅游的直接参与者，其行为习惯对环境的影响不容忽视。通过提高游客的环保意识，加强宣传教育，积极引导游客文明旅游、保护环境，对游客的行为进行规范，提倡减少使用一次性用品、不随意丢弃垃圾等环保行为，促进环境保护与可持续发展的战略实施。为了实现冰雪旅游的可持续发展，必须要形成政府、企业和游客三位一体的环保合力，如此才能在欣赏冰雪美景的同时，保护好人类的地球家园。

第二章 社会经济发展与冰雪旅游的互动关系

第一节 冰雪旅游对社会经济的贡献

一、经济增长方面

冰雪旅游作为近年来快速发展的旅游形式，不仅为游客提供了独特的旅游体验，更为社会经济带来了显著的影响。从经济增长的角度来看，冰雪旅游的贡献主要体现在以下几个方面。在直接经济收益方面，冰雪旅游为当地带来了直接的旅游收入。游客在冰雪旅游过程中的消费，如住宿、餐饮、交通、冰雪运动装备租赁等，都为当地经济注入了资金流。这些资金直接促进了当地经济的发展，为当地居民提供了就业机会和收入来源。在某些冰雪资源丰富的地区，冰雪旅游甚至成为当地经济的主要支柱。在产业链的延伸方面，随着冰雪旅游的兴起，与之相关的产业链也得到了发展。例如，冰雪装备制造业、冰雪运动培训业、冰雪主题的影视和文艺创作等。这些产业的兴起不仅为当地创造了更多的就业机会，也带动了相关产业的发展，进一步促进了经济的增长。

冰雪旅游的兴起，不仅带来了产业链的延伸，还为地区知名度的提升作出了贡献。冰雪旅游往往与特定的地理和文化环境相结合，如东北的雪乡、阿尔卑斯山的滑雪胜地等。随着这些地区的冰雪旅游不断发展，其知名度也逐渐提高。这种知名度的提升不仅吸引了更多的游客，也带动了当地的招商引资工作，进一步促进了地区经济的发展。随着冰雪旅游的不断发展，越来越多的游客涌入冰雪旅游目的地，游客在体验冰雪旅游的同时，也深刻感受到了当地的文化、历史和风情。冰雪旅游的发展还为当地带来了更多的投资机会，越来越多的投资者开始关注冰雪旅游市场，投资冰雪旅游相关的项目和产业，为当地经济的增长注入了新的动力。随着冰雪旅游市场的不断扩大和成熟，其对于地区经济和社会发展的影响将更加显著。

冰雪旅游的发展与当地环境的改善和保护是相辅相成的。为了提供更好的旅游体验，当地政府和企业会积极加强环境治理和基础设施建设。例如，当地政府和企业会加大投入，改善旅游目的地的交通、住宿和通信条件，以满足游客的需求。同时，为了保护珍贵的冰雪资源，当地也会采取一系列的生态保护措施。这些措施包括限制游客数量、规范旅游行为、加强环境监测等，以确保冰雪资源的可持续利用。冰雪旅游的发展不仅有利于当地经济的繁荣，也为当地环境的改善和生态平衡的维护作出了贡献。通过合理的规划和管理，可以实现经济发展和环境保护的双赢。冰雪旅游还有助于弘扬当地的文化和传统，增强游客的文化认同感和归属感。为了更好地发展冰雪旅游，需要采取一系列的措施。比如要加强环境治理和基础设施建设，提高旅游目的地的整体形象和服务质量。还要注重生态保护，采取切实有效的措施来保护冰雪资源和其他自然资源。另外，还要加强宣传推广，提高冰雪旅游的知名度和吸引力。在政府、企业和游客的共同努力下，冰雪旅游一定会蓬勃发展，为人们生活带来更多的美好与快乐。

为了提供更好的冰雪旅游体验，冰雪旅游目的地往往会引入先进的冰雪运动设施和相关技术，这不仅提高了冰雪运动的竞技水平，也推动了相关技术的创新与进步。这种创新与技术进步不仅有利于冰雪旅游的发展，也对其他产业的发展起到了积极的推动作用。冰雪运动设施的不断完善，为冰雪运动爱好者提供了更多的选择和更好的体验。例如，先进的滑雪场配备了智能化的索道、安全防护系统和雪质检测设备，使滑雪者在享受滑雪乐趣的同时，更加安全、舒适。同时，一些冰雪旅游目的地还引入了虚拟现实（VR）技术，让游客在体验冰雪运动的同时，感受到身临其境的沉浸式体验。为了提高冰雪运动的竞技水平，科研人员不断研发新型的冰雪运动装备和器材，如更加轻便、耐用的滑雪板、滑冰鞋等。同时，为了满足游客对冰雪旅游体验的需求，技术公司也不断推出新的智能服务和技术应用，如智能导游、语音识别等。

这些创新与技术进步，不仅有利于冰雪旅游的发展，也对其他产业的发展起到了积极的推动作用。例如，随着冰雪旅游的不断发展，冰雪装备制造业也得到了快速发展，为相关企业带来了巨大的商机。同时，冰雪旅游的发展也带动了周边地区的餐饮、住宿、交通等相关产业的发展，为当地经济带来了可观的收益。因此，为了提供更好的冰雪旅游体验，冰雪旅游目的地需要积极引进先进的设施和技术，这是必不可少的。这些创新与技术进步不仅有利于冰雪旅游的发展，也对其他产业的发展起到了积极的推动作用。随着科技的不断发展，相信冰雪旅游也会更加智能化、个性化，并为游客带来更加美好的旅游体验。

冰雪旅游不仅是一种经济活动，更是一种文化现象。在冰雪旅游的过程中，游客可以深入了解当地的民俗文化，感受独特的冰雪风情。这种文化的传承与发展不仅有利于丰富游客的旅游体验，也有利于弘扬和传播地域文化，进一步促进地区文化的繁荣和发展。冰雪旅游为游客提供了一个了解和体验冰雪文化的机会，游客通过参与各种冰雪活动，可以更深入地了解和认识冰雪文化的内涵和特点，这种文化认知的过程，有助于提升游客对冰雪文化的理解和尊重，进而促进文化的传播和交流。随着冰雪旅游的兴起，传统的冰雪文化得到了更广泛的传承。与此同时，冰雪旅游也催生了一系列新的冰雪文化活动和产品，这些新的文化和创意产品既是对传统冰雪文化的创新，也是对现代社会的适应和回应。

冰雪旅游的发展为当地社区提供了大量的就业机会和收入来源，有力地推动了地方经济的发展。同时，冰雪旅游有助于提升当地居民对自身文化的认同感和自豪感，进一步激发社区的活力和创造力。冰雪旅游作为一种生态旅游形式，强调对冰雪资源的保护和可持续利用。通过合理的规划和管理，冰雪旅游可以促进环境保护，实现经济、社会和环境的协调发展。冰雪旅游还为不同文化背景的人们提供了一个合作与交流的平台。在冰雪旅游过程中，来自不同国家和地区的游客有机会相互了解和互动，这种跨文化的交流有助于推动全球化的进程。然而，需要注意到冰雪旅游可能带来的负面影响，如过度商业化、文化同质化、资源过度开发等问题。因此，在发展冰雪旅游的过程中，需要平衡经济利益和社会文化责任，确保冰雪旅游的可持续发展。

从经济增长的角度来看，冰雪旅游对社会经济的贡献是全方位的，不仅直接促进了当地经济的发展，还带动了相关产业的兴起，创造了更多的就业机会。同时，冰雪旅游有利于提升地区知名度、改善环境、推动创新与技术进步以及传承和发展地域文化。因此，人们应该充分认识和发挥冰雪旅游的优势，推动其持续健康发展，为社会经济的繁荣作出更大的贡献。

二、就业机会方面

冰雪旅游作为近年来逐渐兴起的旅游形式，已经在我国，特别是东北和新疆等地区，成为推动地方经济和就业的重要力量。随着北京冬奥会的成功举办，冰雪旅游的热度更是持续升温，为我国的就业市场带来了新的机遇和挑战。因此，冰雪旅游不仅是一个旅游项目，更是一个集体育、娱乐、休闲、观光于一体的综合性产业。从冰雪运动装备的生产与销售，到雪场的运营与管理，再到与冰雪旅游相关的各类服务行业，都为我国的就业市场提供了大量的岗位。

直接从事冰雪旅游行业的相关人员包括：滑雪教练、雪场工作人员、导游、旅行社工作人员等，相关人员通过直接参与到冰雪旅游的各个环节中，为游客提供专业的服务和指导。比如滑雪教练是冰雪旅游中的重要角色，主要负责教授游客滑雪技能，确保游客能够获得安全、愉快的冰雪运动体验。这些教练通常拥有专业的滑雪技能和教学经验，能够针对不同水平的游客提供个性化的指导。雪场工作人员是冰雪旅游的关键因素之一，主要负责维护滑雪场地的设施，确保滑雪道、缆车等设备的正常运行。雪场工作人员需要具备丰富的冰雪知识和技能，以便应对各种突发情况，为游客提供安全保障。导游在冰雪旅游中扮演着重要的角色，主要带领游客参观冰雪景区，介绍冰雪景观的文化和历史背景，为游客提供丰富的知识和体验。导游需要具备专业的旅游知识和组织能力，以确保游客能够充分领略冰雪景观的魅力。旅行社是冰雪旅游的重要一环，主要负责规划、组织和管理游客的冰雪旅游行程，提供全方位的旅游服务。旅行社工作人员需要具备丰富的旅游资源和专业知识，以便为游客提供高品质的旅游服务。这些人员直接参与到冰雪旅游的各个环节中，为游客提供专业的服务和指导。他们的工作不仅让游客能够更好地了解和欣赏冰雪景观，同时也为推动冰雪旅游行业的发展作出了贡献。

而间接的就业机会，则体现在与冰雪旅游相关的上下游产业中。具体而言，间接就业机会对于冰雪旅游产业来说，是指那些与冰雪旅游相关的上下游产业中产生的就业机会，这些机会并不是直接来自冰雪旅游活动本身，而是由冰雪旅游带动的相关产业所创造的。冰雪旅游的蓬勃发展，不仅带来了大量游客和丰厚收入，更重要的是，推动了与之相关的上下游产业的兴旺。冰雪装备的生产和销售就是一个典型的例子，随着冰雪旅游的兴起，人们对冰雪装备的需求越来越大。从滑雪板、滑雪服、滑冰鞋等设备，到滑雪场、滑冰馆等设施的建设和维护，都需要大量的专业人员来完成。因此，冰雪装备的生产和销售为相关产业创造了大量的就业机会。酒店餐饮服务也是受益匪浅的行业之一，冰雪旅游的游客数量大增，使酒店和餐饮业得到了快速发展。酒店需要员工来提供住宿服务，餐饮业则需要服务员、厨师等人员来满足游客的餐饮需求。因此，酒店餐饮服务成为冰雪旅游间接就业机会的重要来源。交通运输是受益于冰雪旅游发展的一个重要行业，游客需要便利的交通前往冰雪旅游地，同时，冰雪旅游地也需要便利的交通来连接外部世界，因此，交通运输业在冰雪旅游的发展中扮演着重要的角色，同时也为相关产业创造了就业机会。

间接就业机会在冰雪旅游中发挥了重要的作用。除了上述提到的几个产业之外，还有很多其他产业也会受益于冰雪旅游的发展，如零售业、广告业等。这些产业的兴旺不仅为当地经济发展作出了贡献，也为社会创造了更多的就业机会。因此，政府及企业应充分认识到间接就业机会的重要性，积极推动冰雪旅游的发展，从而创造更多的就业机会。零售业是冰雪旅游发展中受益最大的产业之一，在冰雪旅游旺季，大量的游客涌入冰雪旅游胜地，对当地零售业产生了巨大的需求。这不仅为当地零售业带来了可观的收入，也为当地经济作出了贡献。例如，在冬季，滑雪装备、防寒衣物、纪念品等商品的需求量大幅增加，为当地的零售商带来了丰厚的利润。广告业也是冰雪旅游发展中受益的产业，随着冰雪旅游的不断发展，越来越多的企业和品牌开始关注冰雪旅游市场，加大了对冰雪旅游的广告投入。这不仅促进了当地广告业的发展，也为当地的媒体和互联网产业带来了商机。

除了直接受益于冰雪旅游的产业外，冰雪旅游的发展还为社会创造了更多的间接就业机会。例如，随着冰雪旅游的兴起，当地需要更多的导游、翻译、安保等服务人员来满足游客的需求。这些职位的增加，不仅为当地居民提供了更多的就业机会，也为社会创造了更多的财富。因此，应该充分认识到间接就业机会的重要性，积极推动冰雪旅游的发展。通过发展冰雪旅游，可以创造更多的就业机会，促进当地经济的发展，提高人民的生活水平。同时，也需要加强冰雪旅游的管理和规划，确保其可持续发展，为未来的经济社会发展奠定坚实的基础。

政府的政策支持与冰雪旅游的就业机会密切相关，不仅增加了地方财政收入，还带动了周边产业的协同发展。酒店、餐饮、零售等行业受益于游客的增加，获得了更多的商机。同时，冰雪旅游还促进了地方的文化交流和传播，使更多人了解和爱上冰雪文化。政府在冰雪旅游方面的政策扶持和投资，为冰雪旅游的发展提供了有力保障。从基础设施建设到税收优惠，再到人才培养和引进，政府的政策支持为冰雪旅游创造了良好的发展环境，进而为就业市场提供了更多的机会。

教育和培训是冰雪旅游就业的关键，随着冰雪旅游的持续升温，对相关人才的需求也越来越大。为了满足市场需求，教育和培训机构纷纷开设与冰雪旅游相关的课程和培训项目，培养专业的人才。这不仅提高了冰雪旅游从业者的素质，也进一步促进了冰雪旅游行业的健康发展。冰雪旅游业的独特性质，要求从业者具备专业的技能和知识，包括冰雪运动技能、旅游服务技能、安全保障技能等。这些技能和知识的获取，需要通过系统的教育和培训来实现。教育和培训机构针对冰雪旅游市场的需求，开设了各种相关课程和培训项目，从理论到实践全面提升学员的专业素质。教育和培训在冰雪旅游行业中具有至关重要的作用，主要体现在以下几个方面：通过教育和培训，从业者的专业素质得以提升，进而提高整个行业的服务水平。冰雪旅游作为一个独特的领域，需要从业者具备丰富的专业知识和技能，以应对各种复杂的情况和挑战。通过系统的学习和实践，从业者可以掌握冰雪旅游的基本知识和技能，了解行业的最新动态和发展趋势。这不仅可以使从业者在工作中更加得心应手，还能够为游客提供更优质的服务。

教育和培训还有助于增强从业者的职业竞争力。在冰雪旅游行业中，具备专业素质的从业者往往更受欢迎，容易获得更好的职业机会和更高的薪资待遇。教育和培训可以为从业者提供更多的职业发展机会，使其在行业中更具竞争力。冰雪旅游行业是一个技术含量较高的行业，需要从业者具备丰富的专业知识和技能，通过接受专业的教育和培训，从业者可以更好地掌握相关知识和技能，提高自己的专业水平。这不仅有助于从业者在日常工作中更好地应对各种挑战，还可以让他们更好地适应市场需求的变化，提高自己的职业竞争力。此外，教育和培训还可以帮助从业者拓展人际关系和社交网络。在学习和培训的过程中，从业者可以结识来自不同领域和行业的同学和老师，建立广泛的人际关系。这些人际关系不仅可以帮助从业者在职业发展上获得更多的机会和资源，还可以为从业者在行业中拓展业务和合作提供支持，从而促进冰雪旅游行业的持续发展。

通过开展教育和培训，还有助于提高游客的满意度。优质的服务是冰雪旅游的重要组成部分，而专业素质高的从业者能够为游客提供更加周到、专业的服务。这不仅可以增强游客的旅游体验，还可以为行业树立良好的形象，吸引更多的游客。通过系统的教育和培训，可以帮助从业者掌握冰雪旅游的基本知识和技能，提高其专业水平。通过系统的学习和实践，从业者可以了解冰雪旅游的特点、安全要求、服务标准等方面的知识，掌握相关的服务技能和应急处理能力。这样，在面对游客时，也能够更加自信、专业地提供服务，满足游客的需求。教育和培训还有助于培养从业者的服务意识。服务意识是指从业者对服务行业的认识和态度，以及对待游客的方式。通过培训和教育，从业者能够增强对服务行业的认同感和使命感，树立"游客至上"的服务理念，同时也将更加关注游客的需求和感受，积极为游客提供贴心、周到的服务，从而提升游客的满意度。

教育和培训还有助于提高从业者的沟通能力和团队协作精神。在冰雪旅游中，从业者需要与游客进行有效的沟通，了解游客的需求和反馈。通过培训和教育，从业者可以提高自己的沟通技巧和语言表达能力，更好地与游客交流。同时，还能够学会与团队成员协作配合，共同为游客提供高质量的服务。

为了提高冰雪旅游从业者的专业素质和整个行业的服务水平，还需要进一步加大教育和培训的力度。通过开展定期的培训课程、组织专业的学习交流活动、提供在线教育资源等方式，为从业者提供更多的学习机会和资源。同时，还需要注重培训的质量和效果，确保从业者能够真正掌握所需的知识和技能。创新是冰雪旅游业发展的不竭动力，而创新型人才的培养则需要通过系统的教育和培训来实现。教育和培训机构在传授专业知识的同时，也需注重培养学员的创新意识和创新能力，为冰雪旅游行业的持续发展提供人才保障。最重要的是，教育和培训还有助于提高冰雪旅游从业者的安全意识，保障游客的人身安全。冰雪旅游具有一定的危险性，因此安全意识的培养至关重要。通过教育和培训，从业者可以学习到各种安全知识和技能，从而在工作中更好地保障游客的安全。

冰雪旅游在促进就业方面具有深远影响，对我国的就业市场发挥着举足轻重的作用，不仅为直接从事冰雪旅游的从业人员提供了岗位，还为相关产业创造了大量的间接就业机会。通过政府的政策支持、教育培训的跟进以及行业的协同发展，冰雪旅游将继续为我国的就业市场注入活力，为社会经济的繁荣作出贡献。随着冰雪旅游业的持续升温，对相关人才的需求也将越来越大。只有不断加大教育和培训的力度，提高从业者的专业素质和安全意识，才能满足市场需求，促进冰雪旅游行业的健康发展。因此，政府、企业和个人都应充分认识到教育和培训在冰雪旅游就业中的重要性，积极参与相关的教育和培训活动，共同推动冰雪旅游业的繁荣发展。

三、地方文化传承与传播

冰雪旅游不仅为地方经济带来了巨大的推动力，更为地方文化的传承与传播开辟了新的路径。冰雪旅游所涉及的不仅是自然景观的欣赏，更多的是对地方文化的深度体验。冰雪旅游为地方文化的传承提供了平台，在冰雪旅游的开发过程中，当地的文化遗产、风俗习惯和传统技艺得到了充分的挖掘和展示。游客在欣赏冰雪美景的同时，也亲身体验了当地的文化。这种身临其境的体验让游客对地方文化有了更深入的了解和认识，从而起到了文化传承的作用。以中国的冰雪旅游胜地哈尔滨为例，游客在欣赏冰雕、雪景的同时，还可以参与到当地的冰雪文化活动中，如冰雪节、雪雕比赛等。这些活动不仅展示了哈尔滨的冰雪文化，也使更多的人了解并传承这一独特的文化遗产。

冰雪旅游对地方文化的传播具有积极影响。在全球化的大背景下，冰雪旅游成为传播地方文化的重要载体，不仅突破了地域限制，还将地方文化带到了更广阔的舞台，让更多的人了解和接受。在冰雪旅游的发展过程中，各种文化活动、民俗表演、手工艺品等都成了重要的旅游资源。游客在欣赏冰雪美景的同时，也能够深入了解地方文化的内涵和特色，从而增强对地方文化的认同感和归属感。为了吸引更多的游客，冰雪旅游景区需要不断推陈出新，挖掘当地的文化资源，开发出更多具有地方特色的文化产品。这不仅能够丰富游客的旅游体验，还能够为地方文化注入新的活力，推动地方文化的创新发展。随着冰雪旅游的不断发展，越来越多的外国游客来到中国体验冰雪旅游，同时也对中国的文化产生了浓厚的兴趣，这为地方文化走向世界提供了机会，提升了地方文化的国际影响力。在重视冰雪旅游发展的同时，还要充分挖掘其文化价值，为地方文化的传播和发展注入新的动力。以瑞士的达沃斯为例，这个因冰雪而闻名的城市每年都举办世界经济论坛，吸引了全球各地的政商精英。这不仅提高了达沃斯的国际知名度，也使更多人了解并传播了瑞士的冰雪文化。

冰雪旅游作为一种独特的旅游形式，已经成为越来越多人的选择，不仅能让人们欣赏到壮美的雪景和冰雕，还能让人们感受到冰雪运动带来的刺激和乐趣。然而，冰雪旅游的意义远不止于此，还为跨文化交流提供了重要的平台。来自世界各地的游客因为共同的冰雪爱好汇聚一地，这不仅促进了不同国家和地区之间的交流，也加深了人们对不同文化的理解和认识。在冰雪旅游的过程中，游客们不仅欣赏美景、体验文化，还通过各种方式分享了自己国家的文化。这种跨文化的交流方式，不仅丰富了地方文化的内容，也为其传播提供了多元化的途径。例如，在冰雪旅游胜地，来自不同国家的游客可以一起参加各种冰雪活动，如滑雪、滑冰、雪地摩托等。在这些活动中，游客们不仅可以互相学习、交流技巧，还可以分享各自国家的文化和传统。这种跨文化的交流不仅有助于增进友谊、促进合作，还能为地方经济的发展带来新的机遇。冰雪旅游还能为人们提供了解不同国家和地区的文化、历史和民俗的机会。通过深入了解不同国家和地区的文化，人们可以更好地理解彼此之间的差异和共同点，从而更好地交流和合作。这对于推动世界和平与发展也具有重要意义。冰雪旅游作为一种独特的旅游形式，不仅能让人们欣赏到壮美的雪景和冰雕，还能促进跨文化交流、增进友谊、促进合作。在未来的发展中应更加重视冰雪旅游的作用，推动其健康发展，为人类文明的进步作出更大的贡献。

最后需要强调的是，冰雪旅游对地方文化的传承与传播具有持久的影响力。一次成功的冰雪旅游体验，往往能给游客留下深刻的印象，使他们对地方文化产生持久的兴趣和关注。这种持续的兴趣和关注，为地方文化的进一步传播打下了坚实的基础，对地方文化的传播起到了积极的推动作用，因为游客们在离开目的地之后，往往会成为地方文化的传播者，将自己在旅游过程中所感受到的文化魅力传播给更多的人。这种口碑传播的力量是巨大的，能够为地方文化的进一步传播打下坚实的基础。为了更好地发挥冰雪旅游在地方文化传承与传播中的作用，相关机构和从业人员应该注重提升旅游体验的质量和文化内涵，深入挖掘地方特色文化，推出更多具有鲜明地方特色的冰雪旅游产品。这不仅可以增强游客的体验感，还可以促进当地文化的传播和传承。如可以结合当地的传统手工艺、民间艺术等，推出独具特色的冰雪旅游活动和项目，让游客在参与中感受到浓郁的地方文化氛围；通过加强文化解说和导览服务，提高游客的文化认知度和参与度。在冰雪旅游过程中，导览服务和解说系统是传递文化的重要途径，通过提供详尽的解说和导览服务，可以帮助游客更好地了解当地的历史、文化和风俗，增强人们的文化认同感和参与感。同时，还可以通过设置互动体验项目，让游客亲身参与其中，更加深入地感受地方文化的魅力；培养专业的冰雪旅游人才也是关键所在，只有具备了高度的文化素养和服务水平，才能够满足游客日益增长的文化需求。因此，相关机构应该加强对冰雪旅游从业人员的培训和教育，提升人员的专业能力和文化素养，使其能够更好地为游客提供优质的文化旅游服务。

冰雪旅游对地方文化的传承与传播具有持久的影响力，不仅为地方文化的传承提供了平台，还为其传播开辟了多元化的途径。通过提升旅游体验的质量和文化内涵，可以更好地发挥冰雪旅游在地方文化传承与传播中的作用，促进文化的交流与传播，为地方经济社会的可持续发展注入新的活力。为了更好地发挥冰雪旅游在地方文化传承与传播中的作用，必须注重提升旅游体验的质量和文化内涵。通过推出更多具有地方特色的冰雪旅游产品、加强文化解说和导览服务、培养专业的冰雪旅游人才等措施，进一步推动地方文化的传承与传播，让更多的人领略到冰雪旅游的独特魅力，提高冰雪旅游的整体形象和品牌价值，随着冰雪旅游的持续发展，将会在传承与传播地方文化方面发挥更大的作用。因此，地方政府和旅游开发者应充分利用冰雪旅游的优势，深入挖掘地方文化的特色，使其在全球化的大背景下得到更好的传承与传播。

第二节　社会经济发展对冰雪旅游的影响

一、政策支持与基础设施建设

冰雪旅游作为新兴产业，在社会经济发展的大背景下逐渐崭露头角。这一现象不仅是由于冰雪资源的自然魅力，更与政策支持、基础设施建设等多方面因素息息相关。政策支持在社会经济发展中起着至关重要的作用，尤其在冰雪旅游领域，政策的制定和实施不仅为冰雪旅游提供了明确的发展方向，还为其创造了良好的发展环境，促进了产业的可持续发展。政策的引导和支持为冰雪旅游提供了明确的发展方向，政府通过制定相关政策，对冰雪旅游的发展目标、重点任务和保障措施进行了明确规定。这使冰雪旅游企业在发展过程中能够有章可循，避免了盲目性和随意性。同时，政策的制定还充分考虑了冰雪旅游的独特性和地域性，因地制宜，确保了政策的针对性和有效性。政策的实施为冰雪旅游创造了良好的发展环境，同时需要政府各部门的协同配合，包括财政、税收、金融、土地等方面的政策支持。这些政策的实施，可以有效降低冰雪旅游企业的成本，提高其经济效益和市场竞争力。政策的实施还可以加强对冰雪旅游市场的监管，规范市场秩序，保护消费者的合法权益，为产业的健康发展提供保障。政策的制定和实施还需要充分考虑冰雪旅游的特点和需求，冰雪旅游是一项具有季节性和地域性的产业，对自然条件和基础设施的要求较高，因此，政策制定者需要充分了解冰雪旅游的特点和需求，制定符合实际情况的政策措施。例如，加强对冰雪旅游基础设施建设的支持，提高冰雪旅游产品的质量和附加值，推动冰雪旅游与其他产业的融合发展等。

政策支持在冰雪旅游发展中扮演着关键角色。政府应加强对冰雪旅游的政策引导和支持，制定符合实际情况的政策措施，推动产业的可持续发展。同时，企业也应充分利用政策支持，提高自身实力和市场竞争力，为冰雪旅游产业的繁荣作出贡献。在冰雪旅游的政策支持方面，通常体现在以下几个方面：税收优惠是政府政策支持的重要手段之一。政府可以通过减免冰雪旅游企业的税收，降低其经营成本，从而鼓励更多的企业进入冰雪旅游市场。资金扶持也是政策支持的重要手段。政府可以通过设立冰雪旅游专项资金，为冰雪旅游企业提供贷款、担保、贴息等资金支持，帮助企业解决融资难、融资贵的问题。此外，政府还可以通过冰雪旅游投资基金吸引社会资本投入，推动冰雪旅游产业的快速发展。项目推广也是政策支持的一个重要方面。政府可以通过冰雪旅游项目的推广活动，提高冰雪旅游的知名度和美誉度，吸引更多的游客前来旅游。例如，政府可以组织冰雪旅游文化节、冰雪赛事等活动，吸引游客参与并感受冰雪旅游的魅力。政府政策支持在冰雪旅游发展中起到了至关重要的作用，通过税收优惠、资金扶持和项目推广等手段，政府可以有效地推动冰雪旅游产业的快速发展，为冰雪旅游市场的繁荣奠定基础。

政策的倾斜为冰雪旅游的发展提供了强大的动力，使这一产业在短时间内得以迅速壮大。资金扶持则可以突破企业在发展初期面临的资金瓶颈，助力企业快速成长。而项目推广则能提升冰雪旅游的知名度，吸引更多的游客，进一步推动产业发展。具体来说，政府通过减免冰雪旅游企业的税收，降低了企业的运营成本，这使更多的企业愿意进入冰雪旅游领域，从而推动了产业的壮大。同时，税收优惠也鼓励了企业加大投资力度，提升服务质量，为游客提供更好的旅游体验。政府的资金扶持对于冰雪旅游企业的发展具有重要意义。在企业的初创期，资金往往是制约其发展的因素。政府的资金扶持，如提供贷款、直接投资或奖励机制，可以帮助企业突破资金瓶颈，实现快速成长。这些企业在获得资金支持后，可以进一步完善基础设施，提升服务水平，甚至进行创新性的探索，从而推动整个冰雪旅游产业的进步。项目推广也是政策倾斜的一个重要方面。政府通过各种渠道和平台，积极宣传冰雪旅游的特色和魅力，提高其知名度。这不仅吸引了更多的游客前来体验冰雪旅游的乐趣，还进一步促进了冰雪旅游产业的繁荣。例如，政府可以与旅游网站、社交媒体等合作，进行联合推广活动，扩大冰雪旅游的影响力。同时，举办冰雪文化节、冰雪赛事等活动，也能吸引更多的游客和媒体关注，提升冰雪旅游的品牌形象。

政策的倾斜为冰雪旅游的发展提供了强大的动力，通过税收优惠、资金扶持和项目推广等措施，政府有效地促进了冰雪旅游产业的快速发展。这不仅推动了经济的增长和就业的增加，还有助于传承和弘扬冰雪文化，为人们带来更加丰富和精彩的旅游体验。随着政策的持续优化和产业的不断升级，相信冰雪旅游将会在未来发挥更加重要的作用，成为推动社会进步和发展的重要力量。

　　如果说政策支持为冰雪旅游提供了引擎，那么基础设施建设则是这一产业发展的基石。基础设施建设的质量和水平，直接影响到冰雪旅游的体验和吸引力。冰雪旅游的基础设施主要包括交通、住宿、餐饮、娱乐等多个方面。以交通为例，便捷的交通网络能够将游客快速地送达目的地，减少旅途的疲惫感，提升游客的满意度。住宿和餐饮设施的完善，则可以让游客在旅途中得到充分的休息和享受美食的乐趣，进一步增强游客的旅游体验。而娱乐设施的丰富多样，更是能够满足不同游客的需求，延长游客的停留时间，从而增加产业的附加值。随着科技的飞速发展，数字化和智能化已经渗透到人们生活的方方面面，成为现代社会不可或缺的基础设施建设趋势。在冰雪旅游领域，这一趋势同样明显，智能化管理、智慧旅游等先进技术的应用，也正在改变着传统的旅游模式，为游客提供更加个性化、高效的服务。冰雪旅游作为一项独特的旅游活动，具有其独特的魅力，然而传统的冰雪旅游服务模式往往存在着一些问题，如服务质量不稳定、游客体验不一致等。为了解决这些问题，引入智能化管理、智慧旅游等先进技术成了一个重要的方向。通过智能化管理，旅游景区可以对游客流量、景区安全等方面进行实时监控和管理。这不仅能够确保游客的安全，还能够有效解决景区拥堵等问题，提高游客的旅游体验。同时，智慧旅游的应用也为游客提供了更加个性化、高效的服务。通过大数据分析，景区可以了解游客的需求和偏好，为游客推荐更加符合其需求的旅游线路和活动。这不仅能够提高游客的满意度，还能够进一步增加景区的收入。事实上，智能化管理、智慧旅游等先进技术的应用，不仅是冰雪旅游发展的需要，更是整个旅游业发展的趋势。随着人们生活水平的提高，对于旅游服务的需求也在不断升级。游客不再满足于传统的旅游模式，他们更加注重旅游体验的个性化、舒适度和便捷性。因此，引入智能化管理、智慧旅游等先进技术，是旅游业适应市场需求、提升自身竞争力的必然选择。

社会经济发展对冰雪旅游的影响深远且复杂，政策支持和基础设施建设作为其中的两个重要维度，为冰雪旅游的发展提供了强有力的支撑。然而，在面对全球气候变化和新冠疫情等挑战时，冰雪旅游的发展还需不断地调整和完善。未来如何在保护自然环境的基础上实现冰雪旅游的可持续发展，将是人们需要深入探讨的问题。数字化和智能化已经成为基础设施建设的趋势，在冰雪旅游中发挥着越来越重要的作用。通过智能化管理、智慧旅游等先进技术的应用，不仅可以为游客提供更加个性化、高效的服务，还可以进一步推动冰雪旅游的发展，提升其吸引力。而数字化和智能化技术也将继续在旅游业中发挥更大的作用，为游客带来更加美好的旅游体验。

二、市场需求与消费结构变化

冰雪旅游作为一种独特的旅游形式，展现出极强的吸引力和竞争力。在如今快节奏的生活中，冰雪旅游带给人们的是一种心灵的净化和放松，让人在冰天雪地中感受大自然的神奇和魅力。随着人们生活水平的提高，对冰雪旅游的需求也日益增长。冰雪旅游市场的扩大不仅满足了人们对于冬季旅游的需求，更推动了冰雪运动、冰雪文化等相关产业的发展。例如，冰雪运动赛事的举办，吸引了无数爱好者的关注和参与，为冰雪旅游市场注入了新的活力。冰雪旅游的发展也得到了政府的大力支持，政府通过制定相关政策、加大投资力度等措施，为冰雪旅游市场的健康发展提供了有力保障。同时，冰雪旅游企业也不断创新，推出各种特色产品和服务，满足不同游客的需求。

冰雪旅游作为一种独特的旅游形式，具有广阔的市场前景和发展空间，然而冰雪旅游市场的扩大也面临着一些挑战。例如，如何保持生态环境的可持续性、如何提高服务质量、如何降低安全隐患等。对此，冰雪旅游企业需要不断加强自身的规范化管理和专业培训，提高员工素质和服务水平。同时，政府也需要加强对冰雪旅游市场的监管和规范，确保市场的健康有序发展。因此，在未来的发展中，还需要不断创新、提高服务质量、加强管理，为游客提供更加安全、舒适、愉快的冰雪旅游体验。只有这样，冰雪旅游才能真正成为人们冬季旅游的首选，并为旅游业的发展注入新的动力和活力。

冰雪旅游的发展也导致了消费结构的变化。随着人们对于冰雪旅游需求的转变，传统的观光旅游已经不再是主流，取而代之的是更加注重体验、参与和休闲的旅游方式。这一变化促使旅游景区和旅行社不断创新，推出更加多样化、个性化的冰雪旅游产品和服务，以满足消费者日益增长的需求。为了满足游客对于深度体验的需求，冰雪旅游景区不断推出新颖独特的活动。例如，有些景区推出了冰雪雕塑体验，让游客亲自动手参与雕塑创作，感受冰雪艺术的魅力；还有景区设置了冰雪滑梯、雪地摩托等娱乐项目，让游客在冰天雪地中尽情玩耍，享受冰雪带来的快乐。这些富有创意和个性化的产品和服务，不仅满足了游客的体验需求，还进一步提升了冰雪旅游的吸引力。

此外，冰雪旅游的发展还催生了一系列相关产业。例如，为了满足游客在冰雪旅游中的餐饮需求，一些特色餐馆推出了与冰雪主题相关的美食；同时，冰雪旅游也带动了周边酒店、交通等产业的发展。这些产业的崛起不仅丰富了冰雪旅游的内涵，也促进了经济的增长，为社会创造了更多的就业机会。值得注意的是，冰雪旅游的发展还对环境产生了影响。在追求经济效益的同时，不能忽视对环境的保护。因此，在开发冰雪旅游资源的过程中，应注重生态环境的保护和可持续发展，确保冰雪旅游的长期健康发展。未来，随着冰雪旅游的不断发展，也将为人们带来更加丰富、多元的旅游体验。

三、文化创新与产业升级

冰雪旅游作为近年来快速发展的旅游形式，不仅为游客提供了独特的自然景观和冰雪体验，还对当地的文化创新与产业升级产生了深远的影响。冰雪旅游的兴起，为当地带来了丰富的文化交流机会。游客来自四面八方，有着不同的文化背景和观念，与当地文化相互碰撞、融合，为当地文化注入了新的元素。这种跨文化的交流，激发了当地人的文化创新意识，推动了传统文化的现代化转型。在一些冰雪旅游胜地，当地人结合冰雪资源，开发出了一系列独特的冰雪文化活动，如冰雪雕塑比赛、冰雪节庆等。这些活动不仅吸引了大量游客，还使当地的文化得到了更广泛的传播。同时，这些创新的文化活动进一步提升了当地的文化软实力，增强了其在国际上的影响力。

冰雪旅游的发展对当地产业结构的优化和升级起到了积极的推动作用，直接拉动了相关产业的发展，如酒店业、餐饮业、交通业等。这些产业的繁荣不仅提供了更多的就业机会，还提高了当地的经济效益。冰雪旅游的兴起催生了一系列与冰雪相关的产业，其中最为引人注目的是冰雪装备制造业和冰雪体育产业。这些新兴产业的发展不仅丰富了冰雪旅游的内涵，还为当地经济带来了新的增长点。比如冰雪装备制造业是冰雪旅游的重要组成部分，随着冰雪旅游的不断发展，游客对于冰雪装备的需求也不断增加，这为当地的冰雪装备制造业提供了广阔的市场空间和发展机遇。冰雪装备制造业的发展不仅能够满足游客的需求，还能够提高当地的制造业水平，促进当地经济的多元化发展。

又如，冰雪体育产业是冰雪旅游的重要衍生产业之一。冰雪体育产业的发展不仅能够满足游客对于冰雪运动的需求，还能够带动当地的体育事业发展。例如，冰雪赛事的举办不仅能够吸引更多的游客前来观看比赛，还能够促进当地体育设施的建设和完善。同时，冰雪体育产业还能够带动相关产业的发展，如体育器材制造、体育媒体等。冰雪旅游的发展还推动了科技创新的步伐。为了满足游客对于冰雪旅游的需求，当地政府和企业不断加大科技投入，推动科技创新。例如，在冰雪装备制造领域，新材料、新工艺的应用不断涌现，提高了冰雪装备的性能和质量；在冰雪赛事领域，高清转播、虚拟现实等技术的应用，让观众能够更加身临其境地感受比赛的紧张和刺激。

因此，冰雪旅游的发展对于当地经济的多元化发展和产业转型升级，都具有十分重要的影响意义。随着冰雪旅游的不断发展，还会带来更多的发展机遇和挑战，当地政府和企业应该抓住机遇，加大投入力度，推动冰雪旅游及相关产业的持续发展。同时，应该关注到冰雪旅游发展中的问题和挑战，如环境保护、资源可持续利用等。只有处理好这些问题，才能够让冰雪旅游真正成为当地经济可持续发展的动力源泉。

随着全球气候的变化和冰雪旅游的持续升温，冰雪旅游对文化创新与产业升级的影响将更加深远。未来，冰雪旅游将更加注重生态保护和文化传承，推动绿色发展理念在全行业的普及和深化。同时，冰雪旅游也将更加注重游客体验和个性化需求，推动旅游服务向精细化、个性化方向发展。在产业升级方面，冰雪旅游将继续发挥其在产业结构调整和优化中的作用。冰雪旅游将更加注重与相关产业的融合发展，如体育、文化、科技等，形成多产业协同发展的良好格局。同时，冰雪旅游将积极探索新的发展模式和业态，如冰雪小镇、冰雪特色景区等，推动当地经济的持续健康发展。冰雪旅游对文化创新与产业升级的影响是显而易见的。在未来，应继续发挥冰雪旅游的优势和潜力，推动文化创新与产业升级的深度融合发展，为当地经济社会的持续健康发展注入新的动力。

第三节　冰雪旅游与生态环境的和谐共生

一、冰雪旅游对生态环境的影响

当人们提及"生态环境"，首先映入脑海的是一幅由自然元素和生物构成的和谐画面。但生态环境并不仅是一个抽象的概念，而且是一个与人类息息相关的现实存在。生态环境是指由生物群落与无机环境构成的统一整体，涵盖了各种生物、非生物的物质和能量等因素，这些因素相互间发生着复杂的相互作用和转化。生态环境的核心部分包括生物群落和其生存的环境，生物群落是指某一地区内所有生物种类的集合，以及与环境之间相互作用、相互依存。而环境则包括气候、土壤、水文、地貌等非生物因素，这些因素共同决定了生物群落的生存状态。

生态环境的价值是多方面的，生态环境的稳定与平衡对人类社会至关重要。生物的多样性和自然环境的平衡能够维持生态系统的稳定，从而保证人类社会的可持续发展。任何一个环节的失衡都可能导致整个生态系统的崩溃，对人类社会造成巨大的影响。生态环境也为人类提供了丰富的物质资源，无论是食物、水源还是建筑材料，都是生态环境的直接产物。这些资源支撑着人类的生存与发展，是不可或缺的物质基础。生态环境在调节气候、净化空气和水源、保持土壤肥力等方面，都发挥着不可替代的作用。例如，森林能够吸收二氧化碳、释放氧气，有助于缓解全球气候变暖；湿地能够净化水质，保护水源；土壤中的微生物和植物根系能够分解有机物，保持土壤肥力。

生态环境不仅为人类提供了物质需求，还承载着丰富的文化与精神价值。自然的美景、和谐的环境为人类提供了心灵的慰藉，有助于提升人们的生活质量和幸福感。此外，许多传统文化与精神信仰都与特定的生态环境紧密相关，这些文化与精神的传承，有助于加深人们对生态环境的认识和尊重。生态环境是众多学科领域的研究对象，包括生物学、地理学、环境科学等。通过深入研究和了解生态环境，人们可以更全面地认识自然规律和生态系统的运作机制，从而更好地保护和利用自然资源。同时，生态环境教育也是培养公民环保意识的重要途径，有助于推动社会的可持续发展。因此，生态环境是一个复杂而多元的概念，总体上涵盖了生物群落与无机环境之间的相互作用。生态环境的价值是多维度的，不仅为人们提供了丰富的物质资源，还承载着维持生态平衡、调节环境、文化传承和精神慰藉等多重功能。因此，保护和合理利用生态环境，对于人类的生存与发展具有至关重要的意义，需要从多个层面入手，加强生态环境保护和修复工作，促进人类与自然和谐共生的可持续发展。

随着冰雪旅游在全球范围内的持续升温，越来越多的人被其独特的魅力所吸引。然而，与此同时，这种旅游形式也给生态环境带来了显著的影响，为了满足游客的需求，许多地方会进行人工造雪和设施建设，这不仅改变了原有的自然风貌，还可能破坏生态平衡。例如，过度的人工造雪会消耗大量的水资源，这在某些水资源匮乏的地区是一个严重的问题。同时，人工造雪与自然雪在融化后，对水源的化学成分也可能产生影响。

再者，游客的活动对环境的影响是一个不可忽视的问题。随着旅游业的快速发展，大量游客涌入冰雪景区，给原本脆弱的生态系统带来了巨大的压力。比如，游客的踩踏是导致雪地、冰面融化的主要原因之一。在冰雪景区，动植物的生存依赖于雪和冰，这些自然环境的改变无疑会对它们产生负面影响。长期的踩踏使得雪地变得松软，失去了原有的保护作用，导致动植物的栖息地逐渐消失。游客在游玩过程中丢弃的垃圾也是一大环境问题。尤其是在偏远地区，垃圾的处理变得极为困难。这些垃圾不仅破坏了景区的自然美景，而且给当地的生态环境带来了巨大的挑战。有些垃圾甚至会随着雨水流入河流和湖泊，对水体造成污染，破坏生态平衡。为了减轻游客活动对环境的影响，可以采取一系列措施，比如加强游客管理，限制游客数量，避免过度拥挤对环境造成压力；提高游客的环保意识，加强宣传教育，让游客了解保护环境的重要性；建立完善的垃圾处理系统也是必要的措施之一。通过合理的规划和设计，可以有效减少游客活动对环境的负面影响，实现旅游业与环境保护的和谐发展。

然而，不能忽视冰雪旅游为当地经济带来的正面影响。冰雪旅游在许多地区已经成为重要的经济支柱，为当地居民提供了大量的就业机会。随着冰雪旅游业的繁荣发展，当地居民越来越依赖旅游业所带来的收入，这也使他们更加重视生态环境的保护。为了持续吸引游客，许多地方开始采取措施来改善和恢复环境。一方面加强了对冰雪资源的保护，推广环保理念，提高游客的环保意识。另一方面加强了对冰雪旅游设施的维护和管理，确保游客的安全和舒适。除此之外，当地政府还积极推进冰雪旅游产业的发展，增加投资力度，完善相关基础设施，提高服务质量。这些措施不仅促进了当地经济的发展，也为当地居民提供了更多的就业机会。通过采取措施改善和恢复环境，加强冰雪资源的保护和管理，让冰雪旅游成为可持续发展的产业，为当地经济和居民带来更多的利益。

为了确保冰雪旅游区的长期繁荣和生态平衡，政府和相关机构需要采取一系列措施来承担起自身责任，制定合理的规划是实现冰雪旅游区可持续发展的关键，例如，限制游客数量、设置生态保护区、推广环保教育等。通过合理的规划，可以平衡旅游发展和环境保护之间的关系，确保旅游活动不会对当地生态环境造成不可逆的影响。加大对冰雪旅游区的监管力度也是至关重要的。政府和相关机构需要建立健全的监管机制，确保各项措施得到有效执行，例如，对旅游活动进行严格的管理和监督，对违法行为进行严厉打击，以及定期对冰雪旅游区进行生态评估和监测。鼓励和引导当地居民参与环境保护工作也是必要的。当地居民是冰雪旅游区最重要的利益相关者，其态度和行为对旅游区的可持续发展有着直接的影响。政府和相关机构应该采取措施，如提供就业机会、开展环保培训等，激发当地居民的环保意识和参与度，让其成为推动可持续发展的重要力量。只有通过制定合理的规划、加大监管力度、鼓励当地居民参与等措施，才能确保冰雪旅游区的长期繁荣和生态平衡，为游客提供更加美好的旅游体验。

科研机构和高校在冰雪旅游发展中应发挥重要作用，更科学地应对冰雪旅游对生态环境的影响，深化相关研究，进一步细化影响的具体方面。此外，培养具备专业知识和技能的冰雪旅游人才也是至关重要的。这些人才将为冰雪旅游的可持续发展提供有力的智力保障，促进冰雪旅游的长期稳定发展。为了实现人与自然的和谐共生，需要采取切实有效的措施来减轻其负面影响，如此才能让冰雪旅游真正成为一种可持续的、对环境友好的旅游方式。通过政府、企业和个人的共同努力，相信这一目标是可以实现的。

二、资源开发与利用

冰雪旅游在我国有着悠久的历史和广泛的受众，然而冰雪旅游的可持续发展需要对其资源进行合理、科学地开发与利用。冰雪旅游资源主要分布于高纬度或高海拔地区，如我国的东北、西北和西南等地区。这些地区独特的地理和气候条件，为冰雪旅游提供了得天独厚的条件。由于气温的影响，冰雪旅游资源的存在具有明显的季节性。一般来说，冬季是冰雪旅游的旺季，而其他季节则是淡季。冰雪旅游资源受到气候和环境的影响，一旦消失便难以恢复，具有不可再生性。因此，对冰雪旅游资源的保护和可持续利用显得尤为重要。

在冰雪旅游资源开发与利用的过程中，也存在一些问题，主要体现在三个方面：一是缺乏统一规划；二是环境保护意识不强；三是服务质量参差不齐。冰雪旅游资源的开发是近年来旅游产业的一大热点，然而在开发过程中各地往往各自为政，缺乏统一规划，这引发了一系列问题。由于缺乏统一规划，各地在冰雪旅游资源开发上存在资源浪费的现象，一些地区为了追求短期利益，盲目开发冰雪资源，导致资源过度消耗。例如，一些滑雪场为了降低成本，忽视了雪质的保护，导致雪质下降，影响了游客的体验。这种浪费不仅是对自然资源的破坏，也制约了冰雪旅游产业的可持续发展。缺乏统一规划还导致了同质化竞争的问题。由于各地的冰雪旅游项目缺乏创新和差异化，导致市场上出现了大量同质化的产品和服务。这种同质化竞争不仅降低了游客的体验满意度，也削弱了冰雪旅游产业的盈利能力。

针对这些问题，统一规划冰雪旅游资源的开发显得尤为重要。政府和相关机构应该制订科学合理的规划方案，引导各地有序开发冰雪资源。同时，还应该加大监管力度，防止盲目开发和资源浪费现象的发生。鼓励创新和差异化发展也是解决同质化竞争问题的有效途径，各地可以根据自身的特色和优势，开发出独具特色的冰雪旅游项目，以满足游客的多样化需求。例如，可以结合当地的文化、民俗等元素，打造具有地域特色的冰雪旅游产品，提高游客的参与度和满意度。

在开发冰雪旅游资源的过程中，一些地区过于追求经济效益，而忽视了环境保护的重要性。这种短视的行为不仅会导致雪量减少、雪质下降等环境问题，还会对当地生态系统和气候产生负面影响。过度开发会导致雪量减少。在许多滑雪胜地，为了满足游客的需求，建设了大量的滑雪道和设施，这些设施不仅占用了大量的雪地，还影响了雪的积累和保存。随着时间的推移，这些滑雪场的雪量将逐渐减少，进而影响其可持续性和吸引力。过度开发还会导致雪质下降。为了降低成本和提高利润，一些滑雪场可能会采用人工造雪的方式。虽然人工造雪可以弥补自然降雪的不足，但是会对雪质产生负面影响。人工造雪往往会使用大量的化学物质，这些物质不仅会影响雪的质地，还可能对游客的健康产生危害。过度开发还会对当地的生态系统和气候产生负面影响。建设大量的滑雪设施和道路会对当地植被造成破坏，导致水土流失和生物多样性的减少。同时，这些开发活动还可能加剧气候变化，进一步影响雪量和雪质。

为了实现冰雪旅游的可持续发展，必须采取有效的措施来平衡经济效益和环境保护的关系。比如应加强对冰雪旅游资源的合理规划和管理，限制过度开发和无序竞争；加强环境保护措施，如恢复植被、减少污染和采用环保技术等；提高游客的环保意识，通过宣传和教育，引导游客文明旅游、保护环境。在开发冰雪旅游资源的过程中，必须充分认识到环境保护的重要性，并采取有效的措施来平衡经济效益和环境可持续性的关系。只有这样，才能实现冰雪旅游的长期可持续发展，让更多人享受到冰雪旅游带来的乐趣。

三、环境污染与保护

冰雪旅游作为一种深受人们喜爱的休闲方式，其背后却隐藏着对环境的潜在威胁。特别是在那些风景如画，但却生态脆弱的山区和极地地区，基础设施的大规模建设、各种交通工具的频繁使用，以及大量游客的日常活动，都不可避免地带来了环境污染问题。

（一）废水排放的影响与处理

在冰雪旅游的日常运营中，废水排放是一个不可忽视的环境问题。这些废水主要源于滑雪场、度假酒店、餐厅、洗浴设施等旅游相关场所在日常运营中产生的大量含有各种污染物的废水，包括化学物质、油脂、细菌、病毒等。

1. 废水排放的影响

水体污染：未经处理的废水直接排放到河流、湖泊等自然水体中，这是一种对生态环境的严重破坏。这些废水中的污染物不仅种类繁多，而且含量极高，它们在水体中迅速扩散，严重降低了水体的透明度。水体透明度的下降，直接影响了水生植物的光合作用，使水体中的溶氧量大幅度减少。这样一来，水生生物的生活环境遭受严重破坏，生存受到极大威胁。溶氧量的减少会导致水生生物体质下降，抵抗能力减弱，甚至引发各种疾病，进一步加剧了水生生物的死亡。

生态破坏：废水中的有害物质会通过食物链逐级积累，对生态系统造成长期、深远的影响。例如，一些有毒物质可能会导致水生生物出现畸形、生长发育受阻、繁殖能力下降甚至死亡，这些现象严重破坏了生态系统的平衡。有毒物质在食物链中的传递和积累，使生态系统中的生物种类和数量发生变化，从而影响了整个生态系统的稳定性和健康发展。

饮用水安全威胁：废水中的细菌、病毒等微生物污染物不仅对水体环境造成破坏，还可能污染地下水，对人类和其他生物的饮用水安全构成严重威胁。未经处理的废水直接排放到自然水体中，会导致水体污染、生态破坏和饮用水安全威胁等多重严重后果。这些微生物污染物可通过地表水、土壤等途径进入地下水，进而进入人类和其他生物的生活饮用水中，会引发各种疾病，如腹泻、皮肤感染等，对人类健康造成严重影响。为了保护生态环境，保障人类和其他生物的生存权益，必须加强废水处理设施的建设，严格控制废水排放，共同努力，共建美好家园。同时，还需加大环保宣传力度，提高公众的环保意识，让更多人参与环境保护行动，形成全社会共同关注和参与的局面。只有这样，才能有效防治水体污染，保护生态环境。

2. 废水处理的重要性

冰雪旅游作为近年来逐渐崛起的绿色旅游方式，其环保问题日益受到关注。在众多环保措施中，废水处理问题显得尤为重要。废水处理不仅关乎环境保护，还直接影响到人类健康，因此，冰雪旅游目的地必须对废水处理问题给予高度重视。以下将从去除污染物、保护水资源、促进可持续发展三个方面对废水处理的重要性进行阐述。第一，去除污染物是废水处理的核心任务。冰雪旅游过程中产生的废水主要包括游客生活污水、餐饮业废水、娱乐设施废水等，这些废水中含有大量悬浮物、有机物、氮、磷等污染物。通过建立严格的废水处理系统，采用物理、化学和生物处理方法，如沉淀、过滤、吸附、氧化、生物降解等，可以有效地去除废水中的大部分污染物，极大地降低废水对环境的负面影响，减轻自然水体的污染压力。第二，保护水资源是废水处理的重要目标。经过处理的废水达到排放标准，可以减少对自然水体的污染，保护水资源。尤其是在水资源短缺的地区，废水处理的意义更为重大。通过废水处理，可以实现水资源的循环利用，缓解水资源压力，为冰雪旅游的可持续发展提供保障。废水处理有助于促进可持续发展。有效的废水处理不仅可以保护环境，还可以提高冰雪旅游目的地的环境形象，吸引更多游客。第三，废水处理过程中产生的污泥等废弃物可以得到资源化利用，促进循环经济发展。这种环保措施有利于实现旅游业的绿色增长，使冰雪旅游更具可持续性。冰雪旅游目的地要想实现可持续发展，必须重视废水处理问题。通过建立严格的废水处理系统，有效去除污染物、保护水资源，才能为游客提供更环保、健康的旅游环境，实现旅游业的繁荣发展。在此基础上，推动循环经济发展，实现绿色增长，让冰雪旅游在我国环保事业中发挥更大的作用。

3. 废水处理系统的建立与维护

选择适合的废水处理技术：废水处理技术的选择需根据废水的特性、处理需求以及地域环境等因素综合考虑。例如，有机物含量较高的废水适合采用生物处理技术，这种技术能够有效地将有机物转化为无害物质；而对于含有重金属等有毒物质的废水，则需要采用化学处理技术，以去除废水中的有毒物质，防止对环境造成污染。

设计科学的处理流程：针对废水的来源和性质，设计出合理的废水处理流程。这个过程包括预处理、主处理以及深度处理等阶段，确保每一个阶段都能够对废水进行有效处理，使废水处理效果达到预期目标。

定期检查与维护：要保持废水处理系统的正常运行和处理效果，就必须定期对处理设施进行检查和维护。这包括但不限于清理堵塞的管道、更换损坏的设备、调整处理参数等，这些都是确保废水处理系统高效运行的重要环节。

废水排放对冰雪旅游目的地的环境影响：废水的任意排放会对冰雪旅游目的地的环境造成严重影响，包括水质、土壤、植被等方面的污染。这对当地的自然环境以及旅游产业都会产生极大的不利影响。

建立严格的废水处理系统并加强维护管理：为了减少废水排放对环境的负面影响，需要建立严格的废水处理系统。通过这个系统，可以对废水进行有效处理，使其达到国家规定的排放标准。同时，还应加强维护管理，确保废水处理系统的正常运行。

保护珍贵的自然资源和人类健康：通过对废水进行科学处理，可以有效地保护水资源、土壤资源和生态环境，从而保护珍贵的自然资源。此外，减少废水排放对人类健康的影响，是建立废水处理系统的重要目标。只有这样，才能实现可持续发展，为后代留下美好的生存环境。

（二）废气排放的危害与减排

随着冰雪旅游的持续繁荣，人们往往沉醉于雪山的壮丽和滑雪的乐趣中，但很少有人会关注到背后隐藏的环境问题，尤其是交通工具产生的废气排放。这些看似微小的废气排放，实际上对环境和气候造成了巨大的影响。

1.废气排放的危害

空气质量恶化：雪地摩托、滑雪缆车和旅游巴士等交通工具排放的废气含有大量的二氧化碳、氮氧化物、颗粒物和一氧化碳等有害物质。这些污染物对空气质量的影响非常严重，它们不仅降低空气质量，还对人们的呼吸健康构成威胁，特别是对儿童和老年人来说，危害更大。长期暴露在污染空气中，会导致呼吸道疾病、心血管疾病等健康问题。

全球气候变暖问题：排放出的废气中含有大量二氧化碳，这是一种温室气体，会在大气中积累，导致温室效应，从而引发全球气候变暖。随着冰雪旅游活动的增加，大量的二氧化碳被排放到大气中，进一步加剧了气候变暖的趋势。全球气候变暖对高山和极地地区的冰川、雪山等自然景观造成了严重威胁。气候变暖还会导致极端气候事件频发，如高温热浪、暴雨洪涝、干旱等，给农业、水资源、生态系统带来极大压力。

生态系统受损：废气中的氮氧化物和颗粒物等有害物质对生态系统造成破坏。它们会污染土壤和水体，影响植物的光合作用和生长，破坏生态平衡。污染物质在食物链中逐级累积，导致生物体内污染物浓度升高，影响生态系统的稳定性和生物多样性。此外，污染物还会对大气中的臭氧层产生破坏作用，加大紫外线辐射强度，对生物体造成更大伤害。

为了减轻交通工具排放污染物对环境和人类健康的影响，我国政府采取了一系列措施。例如推广低碳环保的交通方式，如公共交通、骑行和步行；加强对雪地摩托、滑雪缆车等设备的环保监管，提高排放标准；鼓励发展清洁能源交通工具，如电动汽车等。加大环保宣传力度，提高公众环保意识，倡导绿色出行，共同为提高空气质量和保护生态环境贡献力量。

2. 减排措施

为了减少冰雪旅游活动中的废气排放，保护环境和气候，需要采取以下减排措施。

推广清洁能源：积极推广使用电动车、氢能源车等环保型交通工具，替代传统的燃油车辆。这些环保型交通工具使用清洁能源，几乎不产生废气排放，是减少废气排放的有效途径。

利用可再生能源：在旅游设施中安装太阳能、风能等可再生能源发电系统，减少对化石能源的依赖。这样不仅可以减少废气排放，还可以降低运营成本，实现经济效益和环境效益的双赢。

优化交通规划：通过优化交通规划，合理布局交通线路和交通工具，提高交通工具的运行效率，减少不必要的绕行和空驶，从而减少废气排放。

加强监管和宣传：加强对冰雪旅游活动中废气排放的监管，制定严格的排放标准和处罚措施。加强环保宣传，提高游客和从业人员的环保意识，鼓励他们采取环保行为，共同保护环境和气候。

冰雪旅游活动中的废气排放是一个严重的环境问题，需要引起高度重视。通过推广清洁能源、利用可再生能源、优化交通规划、加强监管和宣传等措施，可以有效地减少废气排放，保护环境和气候，实现冰雪旅游的可持续发展。

（三）固体废弃物的挑战与管理

冰雪旅游以其独特的魅力和吸引力，近年来在全球范围内得到了快速的发展。然而，随之而来的环境问题也日益凸显，其中尤以固体废弃物问题最为严重。这些由游客和旅游活动产生的固体废弃物，不仅破坏了美丽的自然景观，还对生态环境造成了严重的影响。

1. 固体废弃物的挑战

数量巨大：随着冰雪旅游游客数量的不断增加，产生的固体废弃物数量也呈几何级增长。这些废弃物包括食品包装、饮料瓶、一次性餐具、塑料袋等，其中塑料制品尤为突出。

难以降解：塑料制品是冰雪旅游固体废弃物中的主要成分之一，它们由于化学结构稳定，难以在自然环境中降解。这意味着一旦这些塑料制品被丢弃在自然环境中，它们将长期存在，对土壤、水体和生物造成持续伤害。

环境影响：固体废弃物对冰雪旅游目的地的生态环境造成了严重的影响。它们污染了土壤和水体，破坏了生物栖息地，影响了生物多样性。同时，这些废弃物还可能通过食物链进入人体，对人类健康造成威胁。

2. 固体废弃物的管理

为了应对固体废弃物带来的挑战，冰雪旅游目的地需要建立完善的废弃物管理体系。这包括以下几个方面。

设置分类垃圾箱：在旅游区域内设置分类垃圾箱，引导游客将废弃物按照可回收、不可回收和有害垃圾进行分类投放。这样可以有效地减少废弃物的混合处理，提高废弃物的回收利用率。

推广可重复使用的环保产品：鼓励游客和从业人员使用可重复使用的环保产品，如环保餐具、水杯、布袋等，减少一次性塑料制品的使用。同时，冰雪旅游目的地也可以在旅游设施中提供这些环保产品的租赁服务，方便游客使用。

建立废弃物回收和处理系统：建立完善的废弃物回收和处理系统，对分类后的废弃物进行及时、有效的处理。可回收废弃物可以进行资源化利用，有害废弃物需要进行无害化处理，不可回收废弃物则需要进行合理的填埋或焚烧处理。

加强环境教育：通过宣传栏、环保讲座、环保活动等形式，加强环境教育，提高游客和从业人员的环保意识。鼓励他们减少废弃物的产生、积极参与废弃物回收等环保活动，共同保护冰雪旅游目的地的生态环境。

固体废弃物是冰雪旅游发展中面临的一个重要环境问题。通过建立完善的废弃物管理体系、推广环保产品、加强环境教育等措施，可以有效地减少固体废弃物的产生和危害，保护冰雪旅游目的地的生态环境和可持续发展。

第三章 冰雪旅游的可持续发展路径

冰雪旅游作为一种特殊的旅游形式，以其独特的魅力吸引着越来越多的游客。然而，随着冰雪旅游的快速发展，环境问题也日益凸显。为了实现冰雪旅游的可持续发展，必须采取一系列措施，包括绿色开发理念与实践、循环经济与资源回收、环境教育及公众参与等方面。

第一节 绿色开发理念与实践

绿色开发理念是实现冰雪旅游可持续发展的核心理念，它要求在旅游开发的全过程中，始终将生态环境保护放在首位，合理利用资源，减少对环境的影响和破坏。

一、旅游规划阶段的环境影响评估

环境影响评估是冰雪旅游开发初期不可或缺的一环，它通过对旅游活动可能产生的环境影响进行科学预测和评估，为旅游项目的规划和实施提供重要依据。

（一）生态系统影响评估

冰雪旅游以其独特的自然风光和体验，吸引了无数游客。然而，这类旅游项目往往位于高山、峡谷等自然生态环境较为脆弱的地区，这意味着旅游活动可能对当地生态系统产生显著影响。因此，在规划和实施冰雪旅游项目之前，进行全面的生态系统影响评估至关重要。

冰雪旅游项目通常涉及大量的人为活动和基础设施建设，如滑雪场的建设、游客步道的铺设等。这些活动可能导致原有植被的破坏，进而影响土壤的保持能力和水分循环。评估这些影响需要考虑植被的类型、覆盖率和恢复能力，并制订相应的植被保护和恢复计划。

高山和峡谷地区往往拥有丰富的生物多样性，包括特有的植物种类、珍稀动物和微生物群落。旅游活动可能对这些生物种群产生直接或间接的影响，如栖息地的丧失、食物链的破坏和物种入侵等。评估这些影响需要深入了解当地的生物种群分布和生态关系，并采取措施减少对这些生物种群的干扰。

冰雪旅游活动可能导致土壤侵蚀的加剧，尤其是在坡度较陡的地区。游客的踩踏、滑雪等活动会破坏土壤结构，增加水土流失的风险。此外，基础设施建设，如道路修建和建筑物建设也可能导致土壤被侵蚀。评估这些影响需要考虑土壤类型、坡度和降雨等因素，并采取适当的土壤保护措施。通过全面的生态系统影响评估，可以预测冰雪旅游活动是否会导致生态系统退化或遭到破坏。基于评估结果，可以制定相应的保护措施，如限制游客数量、合理规划旅游路线、采用环保建筑材料等。这些措施旨在确保冰雪旅游活动与当地生态系统的和谐共生，实现可持续的旅游发展。生态系统影响评估是冰雪旅游项目规划和实施过程中的重要环节。通过评估并采取相应的保护措施，可以确保冰雪旅游在带来经济效益的同时，最大限度地减少对当地生态系统的负面影响。

（二）水资源影响评估

冰雪旅游作为一种特色旅游形式，与水资源的关系密不可分。无论是滑雪场的雪质保障、冰雕展的艺术呈现，还是游客的日常生活需求，水资源都扮演着至关重要的角色。因此，在冰雪旅游项目的规划和实施过程中，对水资源的影响进行全面评估显得尤为关键。

水量评估是冰雪旅游项目水资源评估的首要环节。冰雪旅游活动往往集中在水资源相对丰富的地区，但这些地区的水资源可能面临季节性波动或长期枯竭的风险。评估冰雪旅游对当地水量的影响，需要综合考虑自然因素（如降雨量、雪融水等）和人为因素（如旅游用水、农业用水等）。通过科学的水量调配和管理，可以确保冰雪旅游活动在保障当地生态和生活用水的前提下进行。

水质评估同样不容忽视。冰雪旅游活动可能涉及大量的水体使用，如滑雪场的人工造雪、冰雕展的用水等。这些活动如果管理不当，会对当地水质造成污染。因此，评估冰雪旅游对水质的影响，需要监测和分析旅游活动前后水体的理化指标变化，如悬浮物、化学物质、微生物等。通过采取有效的水质保护措施，如建设污水处理设施、推广环保材料等，可以最大限度地减少冰雪旅游对当地水质的负面影响。

水文循环评估关注的是冰雪旅游活动对当地水文循环过程的影响。冰雪旅游项目往往位于高山或峡谷地区，这些地区的水文循环过程较为独特和脆弱。评估冰雪旅游对水文循环的影响，需要考虑旅游活动对地表水、地下水以及水文循环过程的影响。通过合理规划旅游设施和游客活动区域，可以确保冰雪旅游活动不会干扰当地的水文循环过程。

水资源影响评估是冰雪旅游项目规划和实施过程中的重要环节。通过对水量、水质和水文循环的全面评估，可以确保冰雪旅游活动在保障当地水资源可持续利用的前提下进行。这不仅有助于维护当地的生态环境和生活秩序，还能为冰雪旅游的长远发展提供坚实的水资源保障。

（三）空气质量影响评估

冰雪旅游区以其独特的自然风光和冬季活动吸引了大量游客。然而，随着旅游活动的增加，空气质量问题也逐渐凸显出来。为了确保游客的体验和健康，评估旅游活动对空气质量的影响显得至关重要。

冰雪旅游区往往吸引了大量游客前来，而交通是游客到达目的地的主要方式。私家车、旅游大巴、飞机等交通工具的排放会对空气质量产生显著影响。这些排放物包括一氧化碳、氮氧化物、颗粒物等有害气体，它们不仅会降低空气质量，还可能对游客和当地居民的健康造成威胁。为了减轻交通排放对空气质量的影响，冰雪旅游区可以采取一系列措施。例如，推广使用清洁能源和环保型交通工具，鼓励游客选择公共交通方式出行，以及合理规划交通流线，减少交通拥堵和排放集中。

冰雪旅游区内的住宿、餐饮、娱乐等设施需要消耗大量能源，如电力、燃气等。这些能源的燃烧过程会产生二氧化碳、硫化物等温室气体和有害气体，从而影响空气质量。为了降低能源使用对空气质量的负面影响，冰雪旅游区可以积极推广节能减排措施。例如，采用高效节能的建筑设计和设备，使用清洁能源替代传统能源，实施能源管理和监控等。此外，提高游客和员工的环保意识，鼓励大家共同参与节能减排行动也是非常重要的。

冰雪旅游区的建设和发展往往伴随着大量的建筑施工活动。建筑施工过程中会产生扬尘、噪声和有害气体等污染物，对周围环境和空气质量造成一定影响。为了减少建筑施工对空气质量的影响，冰雪旅游区可以采取一系列环保措施。例如，加强施工现场的环境管理，使用环保型建筑材料和施工设备，实施扬尘治理和噪声控制等。同时，合理规划施工时间和路线，避免对游客和居民造成过大干扰也是非常重要的。

评估旅游活动对空气质量的影响并采取相应的减排措施和环保策略是冰雪旅游区可持续发展的关键。通过加强交通管理、推广清洁能源、实施节能减排和环保施工等措施，可以确保冰雪旅游区的空气质量符合相关标准，为游客提供健康、舒适的旅游环境。

（四）土壤影响评估

冰雪旅游作为一种独特的旅游形式，为游客提供了与大自然亲密接触的机会。然而，随着冰雪旅游活动的日益频繁，其对土壤环境的影响也逐渐显现出来。评估冰雪旅游活动对土壤的影响，对于保护土壤资源、维护生态平衡具有重要意义。

冰雪旅游活动，尤其是滑雪、雪地摩托等运动，会对土壤产生压实作用。游客和设备的重量使得土壤颗粒重新排列，导致土壤孔隙度减小、透水性降低。长期下来，压实作用会使土壤结构被破坏，影响植物的生长和土壤生态系统的功能。为了减轻土壤压实的影响，冰雪旅游区可以采取一系列措施。例如，合理规划游客活动区域和交通流线，避免在敏感区域进行高强度活动；使用轻便、环保的旅游设备；定期对压实严重的区域进行松土、翻耕等恢复性措施。

冰雪旅游活动可能导致土壤侵蚀的加剧。一方面，旅游设施的建设和运行可能破坏原有的植被覆盖，使土壤裸露在外，容易受到风蚀、水蚀的影响。另一方面，游客的踩踏、滑雪等活动也会加速土壤侵蚀的过程。为了防止土壤侵蚀，冰雪旅游区可以采取植被恢复、建设防护设施等措施。同时，加强对游客的环保教育，引导游客文明旅游，减少对土壤的破坏。

冰雪旅游活动还可能对土壤造成污染。例如，旅游设施排放的废水、废气、固体废弃物等可能含有有害物质，对土壤造成污染。此外，游客的不文明行为，如乱丢垃圾、野外用火等也会对土壤环境造成破坏。为了防治土壤污染，冰雪旅游区应建立完善的环保设施和管理制度。例如，建设污水处理设施、垃圾收集系统；加强对旅游设施的环境监管；制定并执行严格的环保法规和标准。同时，加强环保宣传教育，提高游客和员工的环保意识。

评估冰雪旅游活动对土壤的影响并采取相应的保护措施，对于维护土壤质量和生态平衡具有重要意义。通过合理规划、科学管理、环保教育等手段，可以实现冰雪旅游与土壤保护的和谐共生。

（五）野生动植物影响评估

冰雪旅游区以其独特的自然风光和丰富的野生动植物资源吸引着众多游客。然而，旅游活动的增加不可避免地会对当地的野生动植物产生一定的影响。为了确保这些珍稀资源的可持续利用和生态平衡的维护，对旅游活动进行野生动植物影响评估显得尤为重要。

冰雪旅游活动往往会对野生动植物的栖息地造成一定的干扰。游客的踩踏、滑雪、驾驶等活动会破坏植被、改变土壤结构，从而影响野生动植物的栖息环境。此外，旅游设施的建设和运行会占用或破坏原有的栖息地，使得野生动植物面临生存威胁。为了减少对栖息地的干扰，冰雪旅游区可以采取一系列措施。例如，合理规划游客活动区域和交通流线，避免在敏感区域进行高强度活动；采用环保型建筑材料和施工方式，减少对栖息地的破坏；加强植被恢复和生态修复工作，为野生动植物提供良好的栖息环境。

冰雪旅游区往往拥有丰富的物种多样性，包括珍稀濒危物种。然而，旅游活动的增加会对物种多样性造成威胁。游客的捕猎、采集、摄影等行为会对野生动物产生干扰，影响其正常的生活习性和繁衍。同时，旅游活动带来的外来物种入侵也会对当地生态系统造成破坏。为了保护物种多样性，冰雪旅游区可以采取多种措施。例如，加强野生动植物的保护和管理，建立保护区；限制游客活动范围和行为，禁止非法捕猎和采集；加强对外来物种的监测和管理，防止其入侵和破坏当地生态系统。

评估冰雪旅游活动对野生动植物的影响并制定相应的保护策略，对于维护生态平衡和生物多样性具有重要意义。通过合理规划、科学管理、加强保护等措施，可以实现冰雪旅游与野生动植物保护的和谐共生，为游客提供更加优质、可持续的旅游体验。环境影响评估是冰雪旅游开发过程中不可或缺的一环。通过对生态系统、水资源、空气质量、土壤和野生动植物等方面的影响进行科学预测和评估，可以为旅游项目的规划和实施提供重要依据，确保旅游活动在环境可承受的范围内进行。

二、采用环保型的建筑材料和节能型设施

在冰雪旅游景区的建设过程中，积极采用环保型的建筑材料和设施是实现绿色开发理念的重要举措。

（一）选择环保型建筑材料

在冰雪旅游景区建设中，选择环保型建筑材料是一项至关重要的任务，它不仅关系到景区的可持续发展，还直接影响到游客的体验和当地生态环境的保护。

1. 环保型建筑材料具有低环境负荷的特点

这些材料在生产、加工、使用和废弃的过程中对环境的影响较小。例如，可再生材料如竹木和秸秆，它们的生长周期短，来源广泛，且在使用后可以自然降解，不会对环境造成长期负担。在冰雪旅游景区中大量使用这类材料，可以有效减少对森林等自然资源的开采，保护生态平衡。

2. 环保型建筑材料有助于降低能源消耗

一些高性能的保温材料和节能型建筑材料，如高效隔热墙体材料、节能型玻璃等，能够有效提高建筑物的保温性能，减少能源浪费。在冰雪旅游景区，由于气候寒冷，对建筑物的保温性能要求较高，使用这些材料不仅可以提高游客的舒适度，还可以降低景区的运营成本。

3. 环保型建筑材料的选择是冰雪旅游景区实现绿色发展的重要举措

随着全球环境问题的日益严重，绿色发展已成为各行各业的共识。冰雪旅游景区作为展示自然美景和冰雪文化的重要窗口，更应积极响应环保理念，通过选择环保型建筑材料等实际行动，推动景区的绿色转型和可持续发展。

（二）采用节能型设施

采用节能型设施是冰雪旅游景区实现可持续发展、提升能源利用效率的重要举措。这些设施通过技术创新和设计优化，能够在满足景区运营需求的同时，显著降低能源消耗，减少对环境的影响。

高效节能的灯具，LED 灯是冰雪旅游景区照明系统的理想选择。LED 灯具有高光效、长寿命、低能耗等优点，相较于传统白炽灯和荧光灯，能够节省大量电能。在景区中广泛应用 LED 灯具，不仅可以为游客提供均匀、柔和的光照环境，提升游客的夜间游览体验，还能有效降低景区的照明能耗，减少碳排放。

冰雪旅游景区的建筑设计应遵循被动式设计原则。被动式设计是一种利用自然条件和建筑自身特性来实现节能的设计方法。通过优化建筑布局，如合理设置建筑朝向、利用地形地貌等自然条件，可以提高建筑的保温隔热性能，减少热量损失。同时，利用自然采光和通风设计，可以减少对人工照明和空调的依赖，进一步降低能源消耗。

节能型设施还包括一些智能化控制系统。景区可以安装智能照明控制系统，根据实际需要自动调节灯光亮度和开关时间；采用楼宇自动化系统，对建筑内的空调、通风、供暖等设备进行集中控制和优化运行；利用能源管理系统，实时监测和分析景区的能源消耗情况，为节能改造提供依据。

采用节能型设施对于冰雪旅游景区的节能减排和可持续发展具有重要意义。这些设施的应用不仅能够降低景区的运营成本，提高能源利用效率，还能为游客提供更加舒适、健康的旅游环境。同时，通过推广节能型设施和技术创新，冰雪旅游景区还能在全社会范围内发挥示范引领作用，推动绿色旅游的发展。

（三）实施建筑废物管理

实施建筑废物管理在冰雪旅游景区建设中具有至关重要的作用。由于景区开发和建设过程中会涉及大量的建筑活动，随之产生的建筑废物如果不进行妥善处理，不仅会对环境造成污染，还可能影响景区的可持续发展。

首先，建筑废物的分类处理是减少环境污染的关键步骤。在建设过程中，应将建筑废物按照可回收材料和不可回收材料进行分类。可回收材料如废钢材、废木材、废塑料等，可以通过再生利用的方式转化为新的建筑材料或其他产品，从而实现资源的循环利用。这不仅有助于减少废物对环境的压力，还能为景区建设节约一定的成本。

其次，建筑废物的减量化是实施废物管理的重要目标。通过优化建筑设计、采用绿色施工技术和使用环保型建筑材料等措施，可以在源头上减少建筑废物的产生。例如，采用预制装配式建筑技术可以减少施工现场的废料产生；使用高性能混凝土等耐久性强的建筑材料可以减少维修和拆除过程中产生的废物。

第二节　循环经济与绿色开发

循环经济是一种注重资源高效利用和循环利用的经济发展模式，对于冰雪旅游的可持续发展至关重要。在冰雪旅游中，实现循环经济和绿色开发的具体措施有以下两个方面。

一、建立废弃物分类回收制度与循环利用机制

（一）建立废弃物分类回收制度

建立废弃物分类回收制度是冰雪旅游景区实现可持续发展的重要环节。

通过废弃物分类回收，景区能够有效减少垃圾对环境的污染，提高资源利用效率，促进景区的可持续发展。

在游客活动区域、休息点、餐饮区等关键位置设置明显的分类垃圾箱，是实现废弃物分类回收的基础措施。这些垃圾箱应明确标识可回收物、不可回收物和有害垃圾，以便游客和从业人员能够准确投放各类废弃物。通过提供清晰的标识和明确的分类要求，景区能够引导游客和从业人员养成良好的垃圾分类习惯，提高废弃物分类的准确性和有效性。

景区管理方应加强对垃圾箱的清理和维护工作。定期清理垃圾箱可以确保其正常使用，避免垃圾溢出和异味产生，保持景区的环境卫生。同时，对垃圾箱的定期维护和检查也能及时发现并修复存在的问题，确保垃圾分类效果。

景区管理方还可以通过宣传教育、奖励措施等方式进一步推广废弃物分类回收制度。例如，在景区内设置宣传栏、发放宣传资料等，向游客和从业人员普及垃圾分类知识；对积极参与垃圾分类的游客和从业人员给予一定的奖励或表彰，激励更多人参与到废弃物分类回收的行动中来。

（二）引导游客和从业人员分类投放

引导游客和从业人员进行正确的废弃物分类投放，是冰雪旅游景区实现废弃物减量化、资源化和无害化的关键环节。通过有效的引导和教育，可以提升游客和从业人员的环保意识，促进废弃物分类回收制度的有效执行，从而保护景区的生态环境。

首先，冰雪旅游景区应在关键位置设置废弃物分类投放指南。这些指南应放置在景区入口、游客中心、住宿区等游客和从业人员频繁出入的区域，以便他们能够方便地获取分类投放信息。指南的设计应图文并茂，使用简洁明了的语言和清晰的图片，向游客介绍各类废弃物的分类标准和正确的投放方法。

其次，冰雪旅游景区还可以考虑引入奖励机制，激励游客和从业人员积极

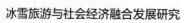

参与废弃物分类投放。例如，设立环保积分制度，对正确分类投放的游客和从业人员给予一定的积分奖励，积分可以用于兑换景区内的优惠券或小礼品等。

（三）资源化利用可回收废弃物

资源化利用可回收废弃物是冰雪旅游景区实现绿色、循环发展的重要举措。通过建立完善的回收体系、引入先进的废弃物处理技术以及与当地回收企业合作等方式，确保可回收废弃物得到及时、有效的资源化利用，为景区的可持续发展贡献力量。

首先，冰雪旅游景区应建立完善的回收体系。这包括在景区内部设置明显的可回收废弃物投放点，方便游客和从业人员将废弃物投放至指定地点。同时，景区应配备专门的回收车辆和人员，定期将可回收废弃物运送至回收站点进行处理。为了确保回收体系的顺畅运行，景区还应建立相应的管理制度和监督机制，对回收过程进行全程跟踪和监管。

其次，景区可以考虑引入先进的废弃物处理技术，进一步提高废弃物的资源利用率和处理效果。例如，生物降解技术可以将有机废弃物转化为肥料或生物燃料，实现废弃物的再利用；能量回收技术则可以从废弃物中提取能量，用于景区的供热、供电等需求。这些先进技术的引入不仅可以提高废弃物的处理效率，还能为景区带来一定的经济效益和环境效益。

最后，与当地回收企业建立合作关系也是资源化利用可回收废弃物的重要途径。冰雪旅游景区可以与当地的回收企业签订合作协议，明确双方的权利和义务。回收企业负责定期到景区收集可回收废弃物，并进行专业的分类、加工和处理。通过合作，景区可以确保可回收废弃物得到及时、专业的处理，同时降低自身的处理成本和风险。

（四）减少废弃物的处理量和降低处理难度

减少废弃物的处理量和降低处理难度是冰雪旅游景区废弃物管理的核心

目标之一。通过实施废弃物分类回收制度，景区可以实现这一目标，并为环境保护和可持续发展作出贡献。

首先，废弃物分类投放是减少处理量和降低处理难度的关键。冰雪旅游景区通过设置明显的分类投放标识和设施，引导游客和从业人员将废弃物按照不同的种类进行投放。这样，各类废弃物就能够得到有针对性的处理，避免了混合垃圾带来的处理困难。例如，可回收废弃物可以被回收再利用，有机废弃物可以进行生物降解等。分类投放不仅提高了废弃物的处理效率，还降低了处理成本和对环境的影响。

其次，资源化利用可回收废弃物是减少处理量的重要途径。通过与当地回收企业合作或引入先进的废弃物处理技术，冰雪旅游景区可以将可回收废弃物转化为有价值的资源。这不仅可以减少需要填埋或焚烧的垃圾量，降低对环境的污染，还可以为景区带来经济效益。例如，回收的塑料、纸张等可以再生利用，生物降解的有机废弃物可以转化为肥料等。

最后，废弃物分类回收制度可以促进景区内部的循环经济发展。通过废弃物的资源化利用，景区可以实现废弃物的减量化、再利用和资源化，推动景区向绿色、低碳、循环的方向发展。这不仅有利于景区的环境保护，还可以提高景区的社会形象和竞争力。

通过废弃物分类回收制度，冰雪旅游景区可以显著减少废弃物的处理量和处理难度。分类投放和资源化利用是实现这一目标的关键措施，它们不仅可以降低景区的环境负荷，还可以为景区带来经济效益和社会效益。因此，冰雪旅游景区应积极推进废弃物分类回收制度的建设和实施，为环境保护和可持续发展贡献力量。

（五）推动循环经济发展

推动循环经济发展是冰雪旅游景区实现可持续发展的重要途径。废弃物分类回收制度在这一过程中发挥着关键作用，通过将废弃物转化为有价值的资源，为当地经济发展注入新的活力，同时减少环境污染和资源浪费。

废弃物分类回收制度为当地企业提供了稳定的资源供应。通过回收再利用的废弃物，如塑料、纸张、金属等，可以作为新的原材料或能源来源，用于生产新的产品或提供能源服务。这不仅降低了企业对原始资源的依赖，还减少了开采和加工过程中的能源消耗和环境影响。同时，废弃物作为再生资源加以利用，有助于稳定原材料价格，为企业带来经济效益。

废弃物处理过程中产生的就业机会和经济效益对当地社会具有积极影响。冰雪旅游景区通过引入专业的废弃物处理企业或与当地回收企业合作，可以创造更多的就业机会，包括废弃物收集、分类、加工、销售等环节。这些就业机会为当地居民提供了稳定的收入来源，提高了生活水平。同时，废弃物处理产业的发展也带动了相关产业的发展，如环保设备制造、再生资源利用等，进一步促进了当地经济的繁荣。

推动循环经济发展有助于提升冰雪旅游景区的绿色形象和社会责任感。通过实施废弃物分类回收制度，景区体现了对环境保护和可持续发展的承诺，增强了游客和当地居民的信任和支持。这种绿色形象的提升不仅可以吸引更多环保意识强的游客，还可以促进景区与当地社区的和谐发展，为景区的长期发展奠定坚实基础。

废弃物分类回收制度在推动冰雪旅游景区循环经济发展方面发挥着重要作用。通过为当地企业提供稳定资源供应、创造就业机会和经济效益以及提升景区绿色形象和社会责任感等途径，该制度为景区的可持续发展注入了新的活力，同时也为当地经济的繁荣作出了积极贡献。

建立废弃物分类回收制度是冰雪旅游景区实现循环经济和环境保护的重要举措。通过设置分类垃圾箱、引导游客和从业人员分类投放、资源化利用可回收废弃物等措施，景区可以降低环境污染、节约资源并推动循环经济的发展。

二、推广可再生能源的利用

（一）利用太阳能资源

利用太阳能资源是冰雪旅游景区实现绿色和可持续发展的重要举措。太阳能作为一种清洁、可再生的能源，具有巨大的潜力和优势，尤其在高山或高纬度地区的冰雪旅游景区，太阳能资源的利用更是具有得天独厚的条件。

冰雪旅游景区通常位于地理位置较高或纬度较高的地区，这些地方往往拥有较为丰富的太阳能资源。由于高山地区具有空气稀薄、日照时间长以及高纬度地区夏季日照强烈等特点，使这些地区的太阳能辐射量相对较大，为太阳能的利用提供了有利条件。

通过安装太阳能电池板，冰雪旅游景区可以将丰富的太阳能资源转化为电能。太阳能电池板能够吸收太阳光并将其转换为直流电，再通过逆变器将直流电转换为交流电，供给旅游设施如酒店、餐厅、缆车等使用。这样，景区就可以利用自身的太阳能资源为各种旅游设施提供所需的电力，从而降低对传统电网的依赖。利用太阳能资源不仅能为冰雪旅游景区带来经济效益，还能有效减少化石燃料的使用，从而降低碳排放。传统的电力生产方式往往依赖于煤炭、石油等化石燃料，这些燃料的燃烧会产生大量的二氧化碳等温室气体，加剧全球气候变化。而太阳能作为一种清洁能源，其利用过程中不会产生任何温室气体排放，有助于景区实现碳中和目标。

（二）开发风能资源

开发风能资源是冰雪旅游景区实现绿色和可持续发展的重要途径之一。风能作为一种环保、可再生的能源，具有巨大的潜力和优势，尤其在高山地区的冰雪旅游景区，风能资源的开发更是具有得天独厚的条件。

一是高山地区往往拥有丰富的风能资源。高山地区地形复杂、气候多变，风速较大且风向稳定，这为风能发电提供了良好的自然条件。冰雪旅游景区可以利用这一优势，选择合适的位置建设风力发电设施，将风能转化为电能，为景区提供稳定的电力供应。

二是风能发电不仅可以满足冰雪旅游景区自身的电力需求，还能减少对当地生态系统的干扰。传统的电力生产方式往往会对环境造成一定的污染和破坏，而风能发电作为一种清洁能源，在其利用过程中不会产生任何有害物质，对环境影响极小。同时，风能发电设施的建设和运营可以与当地的生态环境相协调，尽可能减少对当地生态系统的干扰和破坏。

三是风能发电设施本身可以成为冰雪旅游景区的一道独特风景线。风力发电机组通常具有较高的建筑美学价值，其独特的造型和巨大的体积往往能够吸引游客的目光，成为景区内的新景点。同时，风能发电设施还可以与景区内的其他景点相结合，形成独具特色的旅游线路和产品，提升景区的吸引力和竞争力。

（三）推广生物质能源

推广生物质能源是冰雪旅游景区在追求绿色和可持续发展过程中所应采取的一项重要策略。生物质能源作为一种可再生、低碳排放的能源，具有巨大的环保和经济效益。

冰雪旅游景区通常位于自然环境优美、生态资源丰富的地区，这些地区往往拥有大量的生物质资源，如木材、农作物废弃物等。这些生物质资源可以被有效地收集和利用，通过生物质燃烧、发酵或气化等技术，转化为热能或电能，为景区提供所需的能源。

通过推广生物质能源的使用，冰雪旅游景区可以大大降低对化石燃料的依赖。传统的能源供应方式主要依赖于煤炭、石油等化石燃料，这些燃料的燃烧会产生大量的二氧化碳等温室气体，加剧全球气候变化。而生物质能源在燃烧过程中产生的二氧化碳量与其生长过程中吸收的二氧化碳量基本相当，所以被认为是相对较为环保的能源。

生物质能源的利用还有助于促进当地经济的发展。冰雪旅游景区通过收集和利用当地的生物质资源，可以为当地居民提供就业机会，增加收入来源。同时，生物质能源产业的发展也能带动相关产业链的发展，如生物质能源设备的制造、生物质燃料的生产等，进一步促进当地经济的繁荣。

（四）能源管理系统的优化

优化能源管理系统是冰雪旅游景区在追求可持续发展过程中不可或缺的一环。除了直接利用可再生能源外，提高能源利用效率同样重要。一个完善的能源管理系统能够帮助景区更加精准地监测、控制和管理能源消耗，从而实现节能减排的目标。

首先，通过安装智能电表、节能灯具等设备，冰雪旅游景区可以实时监测和控制能源消耗。智能电表能够详细记录各项用电数据，包括用电量、用电时间、用电负荷等，为景区提供准确的用电分析报告。基于这些数据，景区管理人员可以及时发现能源消耗的异常情况，并采取相应的节能措施。同时，节能灯具等高效节能设备的应用，能够显著降低照明等日常用电的能耗。

其次，建筑保温隔热技术的改进对于降低建筑能耗至关重要。冰雪旅游景区的建筑往往面临着极端的寒冷气候，因此，提高建筑的保温隔热性能对于减少能源消耗具有重要意义。通过采用先进的保温材料、改进窗户设计、增加建筑密封性等措施，可以有效地提高建筑的能源利用效率，减少冷热量的损失。

（五）政策激励和宣传引导

政策激励和宣传引导在推广冰雪旅游景区可再生能源使用中起着至关重要的作用。为了有效地促进可再生能源的应用和发展，景区需要制定一系列具有针对性的政策措施，并辅以广泛而深入的宣传教育活动。在政策激励方面，冰雪旅游景区可以采取多种措施来鼓励和支持可再生能源的使用。首先，给予使用可再生能源的企业和个人税收优惠是一项非常有效的政策。通过减免或降低相关税费，可以显著减轻企业和个人的经济负担，提高其使用可再生能源的积极性和动力。其次，提供补贴也是一种常见的激励手段。景区可以设立专项资金，对使用可再生能源的项目进行补贴，降低其初期投资成本和运营成本，从而推动可再生能源的广泛应用。除了直接的经济激励外，景区还可以通过建立绿色认证制度、优先采购可再生能源产品等方式进一步推动可再生能源的发展。这些措施有助于在市场上树立可再生能源的良好形象，提高其竞争力，并引导更多的企业和个人选择使用可再生能源。

在宣传引导方面，冰雪旅游景区需要注重提高公众对可再生能源的认知度和接受度。首先，通过制作和播放宣传片、设立宣传栏、开展主题活动等多样化的宣传形式，可以向公众普及可再生能源的基本知识、优势和应用案例，增强其对可再生能源的了解和信任。其次，景区还可以与教育机构、环保组织等合作，开展可再生能源知识讲座、培训班等活动，提高公众特别是青少年群体的环保意识和能源素养。此外，利用互联网和社交媒体等新兴传播渠道也是非常重要的宣传手段。冰雪旅游景区可以通过建立官方网站、微博、微信公众号等平台，及时发布可再生能源相关的政策信息、技术动态和应用案例，与公众进行互动和交流，形成全社会共同关注和支持可再生能源发展的良好氛围。

第三节　环保教育及公众参与

环保教育和公众参与是实现冰雪旅游可持续发展的重要支撑，能够提升社会各界的环保意识，促进环保行动的落实。

一、在旅游景区设置环保宣传栏

（一）传递环保信息

环保宣传栏在冰雪旅游景区中扮演着至关重要的角色，其首要任务是向游客传递环保信息，提升他们的环保意识，并引导他们采取环保行动。

1.冰雪旅游景区的环境特点

冰雪旅游景区通常拥有独特的自然环境、生态系统和景观。这些环境特点不仅为游客提供了难忘的旅游体验，也是当地生态和文化遗产的重要组成部分。然而，这些环境非常脆弱，容易受到人为破坏和气候变化的影响。因此，环保宣传栏应向游客介绍景区的自然环境、生态系统及其脆弱性。通过展示当地环境的独特性和保护的重要性，可以激发游客的环保意识和责任感，使他们更加珍惜和尊重当地环境。

2.可持续发展的理念

冰雪旅游景区的可持续发展是实现长期经济、社会和环境效益的关键。可持续发展强调在满足当前需求的同时，不损害未来世代的需求。在冰雪旅游中，这意味着要在保护自然环境和文化遗产的前提下，实现旅游业的经济发展和社会进步。因此，环保宣传栏应阐释可持续发展在冰雪旅游中的意义，强调经济、社会和环境三者之间的平衡发展。通过传递这一理念，可以引导游客采取更加环保、可持续的旅游方式，为景区的长期发展作出贡献。

3.环保法规和行为准则

为了保护冰雪旅游景区的环境和生态系统，国家和地方政府通常会制定一系列环保法规和行为准则。这些法规和行为准则规定了游客在景区内应遵守的环保行为规范，如不乱扔垃圾、不破坏植被、不干扰野生动物等。因此，环保宣传栏应明确告知游客应遵守的环保法律法规和景区特定的环保行为准则。通过展示这些法规和行为准则，可以提醒游客注意自己的行为举止，避免对景区环境造成不良影响。同时，这也有助于培养游客的环保意识和责任感，使他们成为环保的倡导者和实践者。

（二）提升环保意识

1. 互动体验的设置

环保宣传栏可以设置互动体验环节，让游客在参与中加深对环保知识的理解和认同。例如，可以设置环保小游戏，让游客在游戏中了解环保知识和技巧；设置问答环节，让游客在回答问题中检验自己的环保知识和意识；还可以设置环保签名墙，让游客在签名中表达自己的环保承诺和决心。通过互动体验的设置，环保宣传栏可以激发游客的兴趣和参与度，让游客更加主动地了解和接受环保知识，从而提升他们的环保意识。

2. 环保故事的讲述

环保宣传栏可以通过讲述环保故事、案例或人物事迹，激发游客的情感共鸣，进而提升他们的环保意识。这些故事可以包括景区的环保历史、环保人物的奋斗经历、环保行动的成功案例等。通过讲述这些故事，可以让游客更加深入地了解环保的重要性和紧迫性，感受到环保行动的力量和价值。同时，环保故事的讲述还可以激发游客的环保责任感和使命感，让他们更加积极地参与到环保行动中来，为景区的环境保护贡献自己的力量。

环保宣传栏通过图文并茂的设计、互动体验的设置和环保故事的讲述等措施，可以有效地提升游客的环保意识，引导游客采取环保行动，为景区的可持续发展贡献力量。

（三）引导环保行为

1. 树立榜样示范

环保宣传栏可以展示环保行为的正面案例和榜样，激励游客效仿和学习。这些榜样可以包括景区内的环保志愿者、环保行动的先进个人或团体等。通过展示他们的环保事迹和经验，让游客更加直观地了解环保行动的重要性和意义，感受到环保行动的力量和价值。同时，榜样的示范作用还可以激发游客的环保责任感和使命感，让他们更加积极地参与环保行动。通过效仿和学习榜样，游客可以不断提升自己的环保素养和责任感，为景区的环境保护贡献更大的力量。

2. 建立反馈机制

环保宣传栏可以设置反馈渠道，让游客能够分享自己的环保经验和建议，形成良好的环保氛围和互动机制。例如，可以设置环保意见箱或在线反馈平台，鼓励游客提出自己的环保建议和意见；还可以定期组织环保交流活动，让游客分享自己的环保经验和故事。通过建立反馈机制，环保宣传栏可以及时了解游客的环保需求和意见，不断完善和优化环保措施；同时还可以激发游客的参与度和归属感，让他们更加积极地参与到景区的环保行动中来。这种互动机制的形成有助于营造良好的环保氛围，推动景区的可持续发展。

环保宣传栏通过提供实用建议、树立榜样示范和建立反馈机制等方式，可以有效地引导游客采取环保行为，为景区的可持续发展贡献力量。同时，这些措施的实施也有助于提升游客的环保素养和责任感，推动冰雪旅游的绿色发展。

二、开展环保教育活动和培训

（一）针对从业人员的环保教育活动和培训

1. 环保知识讲座

定期邀请环保专家、学者或当地环保部门工作人员为从业人员举办环保知识讲座，是提升从业人员环保理论素养的有效途径。讲座内容应涵盖冰雪旅游景区的生态环境保护、可持续发展理念、国际环保趋势等多个层面，旨在帮助从业人员全面、深入地理解环保的重要性和紧迫性。通过专家的讲解和互动，从业人员可以了解到最新的环保理念和技术动态，从而为他们在实际工作中应用环保知识和技能打下坚实的理论基础。此外，与专家的面对面交流还能激发从业人员对环保工作的热情和责任感，推动他们更加积极地参与景区的环保建设。

2. 技能培训

举办环保实践技能培训是提升从业人员环保操作能力的关键环节。这类培训应包括垃圾分类处理、节能设备操作、环保材料使用等具体内容，旨在让从业人员掌握在实际工作中应用环保技能的技巧和方法。通过案例分析、现场操作等培训方式，从业人员可以在模拟或真实的工作环境中学习和实践环保技能，从而加深对环保知识的理解和提升运用能力。这种培训方式不仅能提高从业人员的环保技能水平，还能提升他们解决实际环保问题的能力，从而为景区的环境保护提供有力的人才保障。

3. 日常工作中的环保落实

鼓励从业人员在日常工作中积极贯彻落实环保理念是提升景区整体环保水平的重要举措。具体来说，景区可以制定一系列环保措施和规范，如减少一次性用品的使用、推广电子化办公等，并设立环保工作小组或指定环保负责人来监督并推动这些措施的执行。通过在日常工作中落实环保措施和规范，从业人员可以逐渐养成良好的环保习惯和行为模式，从而推动景区整体环保氛围的形成和发展。同时，环保工作小组或负责人的设立能确保环保措施得到有效执行和监督，及时发现并解决环保工作中存在的问题和挑战。

针对从业人员的环保教育活动和培训，对于提升冰雪旅游景区的环保水平和推动可持续发展具有重要意义。通过环保知识讲座、技能培训和日常工作中的环保落实等措施的实施，可以有效地提升从业人员的环保意识和技能水平，为景区的环境保护和可持续发展贡献力量。

（二）针对游客的环保教育活动和培训

针对游客的环保教育活动和培训在冰雪旅游景区的管理工作中同样具有重要意义。这些活动旨在提升游客的环保意识，引导他们在旅游过程中采取环保行为，从而为景区的可持续发展贡献力量。

1. 环保主题活动

定期在景区内举办环保主题活动，是提升游客环保意识的有效途径。例如，环保徒步活动可以鼓励游客在欣赏美景的同时，捡拾沿途的垃圾，保持环境整洁；清洁山林活动可以组织游客清理山林中的废弃物，保护山林的生态环境；植树造林活动则可以邀请游客参与植树，增加景区的绿化面积，改善生态环境。通过参与这些活动，游客可以亲身感受到环保的重要性，增强他们的环保意识和责任感。同时，这些活动还能促进游客与景区之间的互动和联系，提升游客对景区的认同感和归属感。

2. 互动体验

设置环保互动体验区是提升游客环保技能的重要手段。例如，垃圾分类游戏可以让游客在轻松愉快的氛围中学习垃圾分类知识，掌握正确的垃圾分类方法；节能设备体验则可以让游客亲身体验到节能设备的便捷和高效，从而激发他们在日常生活中使用节能设备的兴趣和意愿。这种寓教于乐的方式不仅能让游客在玩耍中学习环保知识，还能提升他们的环保技能和实践能力。同时，互动体验区还能吸引更多游客的关注和参与，形成良好的环保氛围和互动机制。

3. 宣传资料与讲解服务

制作并分发环保宣传资料是传递环保信息的重要途径。景区可以制作环保手册、宣传册等资料，介绍景区的环保理念、措施和成果，供游客免费取阅。这些资料不仅可以帮助游客了解景区的环保工作，还能激发他们对环保的兴趣和关注。提供环保讲解服务则是加深游客对环保知识理解的有效方式。

例如，生态导览可以带领游客深入了解景区的生态环境和生态系统；环保知识问答则可以解答游客在环保方面的疑问和困惑。通过讲解服务，游客可以更加深入地了解环保的重要性和紧迫性，从而更加积极地参与环保行动。

针对游客的环保教育活动和培训，对于提升冰雪旅游景区的环保水平和推动可持续发展具有重要意义。通过环保主题活动、互动体验和宣传资料与讲解服务等措施的实施，可以有效地提升游客的环保意识和技能水平，为景区的环境保护和可持续发展贡献力量。

三、鼓励游客参与环保志愿活动

（一）丰富环保志愿活动类型

1. 野生动植物保护活动

冰雪旅游景区通常拥有丰富的野生动植物资源，这些资源是景区生态环境的重要组成部分。因此，引导游客参与野生动植物保护活动具有重要意义。这类活动包括监测野生动物活动、保护濒危植物等。通过参与野生动植物保护活动，游客可以更加深入地了解景区的生态系统和生物多样性，认识到保护野生动植物的重要性。同时，这类活动还能让游客体验到与大自然的亲密接触，感受到大自然的神奇和魅力，从而增强对大自然的敬畏和爱护之情。

2. 环境美化活动

环境美化活动是提升景区整体形象和游客体验的重要手段。这类活动可以邀请游客参与景区绿化、种植花卉等工作，为景区增添生机和色彩。通过游客的参与和贡献，景区的环境将变得更加优美宜人，游客的游览体验也将得到极大提升。此外，环境美化活动还能增强游客对景区环境的归属感和责任感。当游客看到自己亲手种下的花草在景区中茁壮成长时，他们会更加珍惜和爱护这里美丽的环境。这种归属感和责任感将促使游客在日常生活中更加注重环保行为，为景区的可持续发展贡献力量。

（二）提升游客环保意识和实践能力

提升游客环保意识和实践能力是冰雪旅游景区环保教育的重要目标。通过参与环保志愿活动，游客可以获得更加直观和深入的环境保护教育，从而增强他们的环保意识和实践能力。

1.环保志愿活动为游客提供一个亲身参与环境保护的平台

通过实际参与垃圾清理、野生动植物保护、环境美化等活动，游客可以直观地了解到环境保护的紧迫性和重要性。他们可以看到垃圾对景区环境的破坏，感受到野生动植物生存的脆弱性，以及环境美化带来的愉悦体验。这种直接的体验让游客更加深刻地认识到自身行为对环境的影响，从而激发他们保护环境的责任感和使命感。

2.环保志愿活动中的实践操作帮助游客提升环保技能

在垃圾分类活动中，游客可以学习到正确的垃圾分类方法和技巧；在资源节约利用活动中，游客可以了解到如何节约用水、用电等。这些实践操作不仅让游客掌握了实用的环保技能，还能帮助他们在日常生活中养成良好的环保习惯。

3.环保志愿活动培养游客的团队合作精神和公民责任感

在活动中，游客需要与其他志愿者一起协作完成任务，这有助于培养他们的团队合作精神和沟通能力。同时，作为志愿者参与环境保护也是一种公民责任的体现，能够让游客更加积极地参与社会的环保行动。通过参与环保志愿活动，游客的环保意识和实践能力可以得到有效提升。这不仅有助于推动冰雪旅游景区的环境保护工作，还能为社会的可持续发展贡献力量。

（三）增强游客归属感和满足感

环保志愿活动为游客提供了一个深入了解和体验景区文化和价值的机

会。通过参与活动，游客可以更加直观地了解景区的历史、文化和生态价值，感受到景区独特的魅力。这种深入的了解和体验有助于增强游客对景区的情感联系，使他们更加认同和珍惜这片美丽的环境。

通过亲身参与环保志愿活动，游客可以为景区的环境保护作出实际的贡献。这种贡献不仅包括清理垃圾、种植植物等具体的环保行动，还包括为景区的发展和保护提供有价值的意见和建议。当游客看到自己的努力为景区带来积极的变化时，他们会感到无比的满足。

环保志愿活动还能促进游客之间的交流和互动。在活动中，来自不同背景和地区的游客有机会聚集在一起，共同为环保事业努力。这种跨文化的交流和互动有助于增强游客之间的友谊和团结，形成共同保护环境的共识和力量。

环保志愿活动在冰雪旅游景区中扮演着重要的角色，不仅有助于提升游客的环保意识和实践能力，还能增强游客对景区的归属感和满足感。通过这些活动，游客能够更加深入地了解和体验景区的文化和价值，为环境保护作出实际的贡献，并与其他游客建立友谊。这些宝贵的经历将激励更多人关注和参与到环保事业中来，共同推动冰雪旅游景区的可持续发展。

（四）营造全社会共同参与的良好氛围

营造全社会共同参与的良好氛围，对于冰雪旅游景区的可持续发展至关重要。通过鼓励游客参与环保志愿活动，可以激发人们对环境保护的关注和热情，进一步扩大参与范围，形成广泛的共识和力量。

游客作为景区的直接体验者和受益者，他们的参与对于环境保护具有积极的推动作用。当游客参与到环保志愿活动中，他们不仅能为景区环境贡献一份力量，还能将这种参与感和责任感传递给身边的人。通过口碑传播和社交媒体的分享，游客可以成为景区环保的倡导者和宣传者，吸引更多人关注并参与到环保行动中。

全社会共同参与的氛围能够促使景区管理方、当地居民和游客形成紧密的合作关系。在这种氛围下，景区管理方需要更加重视游客的反馈和意见，不断改进和完善环保措施；当地居民也会更加珍惜和保护自己的家园，积极参与到景区的环保工作中；游客则能更加自觉地遵守环保规定，养成环保的生活习惯。这种合作关系的建立将为冰雪旅游景区的可持续发展提供强大的支持。

全社会共同参与的氛围还能促进创新和科技进步在环保方面的应用。随着越来越多的人关注冰雪旅游景区的环境保护问题，将有更多创新性的解决方案和技术涌现出来。这些创新和科技进步将有助于提高资源利用效率、减少污染、提高环境质量等，为景区的可持续发展注入新的动力。

第四章 冰雪旅游产业的市场竞争与合作

第一节 国内外冰雪旅游市场分析

一、市场规模与增长率

（一）市场规模

1.冰雪旅游市场规模的扩大

近年来，冰雪旅游市场的规模呈现出持续扩大的趋势。这主要得益于全球范围内对冰雪运动的热爱以及对冬季旅游目的地的日益关注。特别是在北半球的高纬度地区，如欧洲的阿尔卑斯山区、斯堪的纳维亚半岛，北美洲的落基山脉以及亚洲的西伯利亚和青藏高原等地区，由于其独特的冰雪资源和气候条件，这些地区已经成为冰雪旅游的主要目的地。冰雪旅游不仅为游客提供了与冰雪亲密接触的机会，还带动了相关产业的发展，如冰雪装备制造、冰雪运动培训、冰雪赛事举办等。这些产业的发展进一步推动了冰雪旅游市场的繁荣。

2.冰雪旅游市场的产业链

冰雪旅游市场的产业链非常庞大且多元化，涵盖了多个领域。以下是其主要组成部分。

冰雪运动：作为冰雪旅游市场的核心部分，冰雪运动项目丰富多样，包括滑雪、滑冰、雪橇、雪地摩托、冰钓等。这些运动项目不仅需要专业的装备和设施，同时也离不开专业的教练和指导。因此，冰雪运动的发展催生了冰雪装备制造、冰雪运动培训等相关产业的蓬勃发展。我国各地纷纷加大冰雪运动设施建设，为爱好者提供良好的运动环境，进一步推动了冰雪运动产业的壮大。

冰雪节庆：为了吸引更多游客，各地纷纷举办丰富多彩的冰雪节庆活动，如冰雪节、冰雪嘉年华等。这些活动通常包括冰雪雕塑展、冰雪运动比赛、冰雪文化表演等内容，为游客提供了丰富多彩的冰雪体验。举办这些活动不仅提升了城市的知名度，还带动了旅游、餐饮、住宿等相关产业的发展，促进了地区经济的繁荣。

冰雪观光：对于许多游客来说，欣赏美丽的冰雪景观是冰雪旅游的重要目的之一。因此，冰雪观光成为冰雪旅游市场的重要组成部分。许多地区凭借独特的冰雪资源，开发出各种冰雪观光产品，如冰川探险、雪域观光等。这些冰雪观光产品满足了游客对冰雪景观的向往，同时也为当地带来了丰厚的旅游收入。

冰雪度假：随着人们对休闲度假的需求日益增长，冰雪度假成为冰雪旅游市场的重要组成部分。冰雪度假村、冰雪酒店等设施为游客提供了舒适的住宿环境和完善的度假胜地，使游客在享受冰雪乐趣的同时，也能得到充分的休息和放松。此外，冰雪度假还促进了当地基础设施建设和旅游资源的整合，提升了旅游业的整体竞争力。

冰雪旅游市场涵盖了冰雪运动、节庆、观光和度假等多个方面，不仅满足了游客的不同需求，还带动了相关产业的发展。在未来，我国将继续加大对冰雪旅游产业的投入，推动冰雪旅游市场的持续繁荣，为游客提供更加优质的冰雪体验。冰雪旅游市场的规模不断扩大，产业链也日益完善。随着全球气候的变化和人们对健康生活方式的追求，冰雪旅游市场有望继续保持快速增长的态势。

（二）增长率

1. 冰雪旅游市场的崛起

近年来，全球冰雪旅游市场呈现出高速发展的态势，其增长率始终保持在较高水平。这一现象的产生主要源于以下几个关键因素。

全球气候变化的推动力：气候变化对全球冰雪资源产生了深远影响，部分地区冰雪资源日益稀缺，而另一些高纬度或高海拔地区冰雪资源的独特性得以凸显。这种变化为冰雪旅游市场带来了新的发展机遇，促进了市场格局的调整和拓展。

经济发展与生活水平的提升：随着全球经济的逐步复苏和人们生活水平的不断提高，旅游消费逐渐成为日常生活的重要组成部分。冰雪旅游作为一种健康、时尚、有趣的户外活动，日益受到人们的喜爱和追捧。这股消费热潮直接推动了冰雪旅游市场的迅速扩张。

政府与相关机构的支持力度：为推动冰雪旅游产业的发展，各国政府和相关机构纷纷加大对该产业的投入和支持。通过完善基础设施、提升服务水平、举办大型冰雪赛事等方式，为冰雪旅游市场的蓬勃发展提供了有力保障。同时，这些举措也有助于提升冰雪旅游的品牌形象和吸引力。

2. 冰雪旅游市场的潜力与挑战

虽然冰雪旅游市场呈现出高速增长的态势，但仍面临诸多挑战，如气候变化导致的冰雪资源不确定性、市场竞争加剧、游客需求多样化等。因此，冰雪旅游产业需要不断创新，提高服务质量和满意度，充分发挥市场潜力，实现可持续发展。

3. 未来发展趋势与展望

随着全球气候变化的影响加剧，高纬度地区冰雪资源的稀缺性将更加明显，冰雪旅游市场的发展空间将进一步扩大。同时，政府、企业和民间组织应共同努力，加大投入，推动冰雪旅游产业的转型升级，满足游客多样化需求。预计未来冰雪旅游市场将继续保持高速增长，成为全球旅游市场的一大亮点。

二、主要竞争者分析

冰雪旅游市场因其独特的魅力和广阔的发展前景，吸引了众多竞争者参与其中。这些竞争者不仅来自国内，还来自国际，他们凭借各自的优势和特色在市场中占据一席之地。

（一）以优质冰雪资源著称的竞争者

1. 地理位置与自然资源

这类竞争者往往位于高纬度或高山地区，如北欧、北美、亚洲的高山地带等。这些地区由于独特的地理位置和气候条件，拥有得天独厚的冰雪资源。这些资源包括稳定的低温环境、丰富的降雪量、适合滑雪运动的山坡等，为冰雪旅游提供了优质的自然条件。

2. 卖点与吸引力

自然、原始的冰雪景观：这些竞争者通常以自然、原始的冰雪景观为卖点，强调冰雪的纯净、壮观和神秘感，通过宣传美丽的雪景、冰川、冰瀑等景观，吸引游客前来观赏和体验。

优良的滑雪场地：除了自然景观外，这些竞争者还拥有优良的滑雪场地。这些场地通常具备适宜的坡度、宽度和雪质，能够满足不同水平和需求的滑雪爱好者。同时，还提供专业的滑雪教练和设备租赁服务，使游客能够更加方便、安全地享受滑雪乐趣。

3. 成功案例

冰雪旅游景区的可持续发展需要综合考虑环境保护、资源利用、社区参与和文化传承等多方面因素。在这方面，瑞士的阿尔卑斯山区提供了成功的案例，展示了如何实现冰雪旅游的可持续发展。

瑞士的阿尔卑斯山区以其壮丽的山脉、原始森林和优质的雪场而闻名于世。为了保护这片美丽的环境，瑞士采取了一系列措施来实现冰雪旅游的可持续发展。

瑞士重视环境保护，通过严格的环保法规和监管措施来确保景区的自然生态得到有效保护。例如，对游客数量进行限制，以确保景区承载能力不被超过；对垃圾进行分类回收，减少对环境的污染；对景区内的建设项目进行严格审批，避免对环境造成破坏。瑞士充分利用其冰雪资源，提供多样化的冰雪活动和设施，满足不同游客的需求。例如，在雪场提供各种级别的滑雪道和滑雪学校，为初学者和高手提供丰富的体验；在山区开展徒步、攀岩等户外活动，让游客亲近自然、挑战自我；在景区内提供高品质的酒店和餐饮服务，提升游客的舒适度和满意度。瑞士还注重文化传承和社区参与。通过举办冰雪文化活动、展示当地民俗风情等方式，让游客了解阿尔卑斯山区的历史和文化；鼓励当地居民参与旅游开发和管理，确保他们的利益得到保障；与周边国家和地区开展合作，共同推广冰雪旅游资源，实现互利共赢。

成功案例为其他冰雪旅游景区提供了宝贵的经验和借鉴。以优质冰雪资源著称的竞争者凭借其独特的地理位置、自然资源和卖点，在冰雪旅游市场中占据了重要地位。他们通过提供优质的冰雪体验和专业的服务，吸引了大量游客前来观赏和体验，为冰雪旅游市场的繁荣作出了重要贡献。

（二）以高水平冰雪运动赛事提升品牌影响力的竞争者

1. 卖点和吸引力

冰雪旅游景区的可持续发展需要多方面的努力和策略，而成功举办高水平冰雪运动赛事是其中一个非常重要的方面。成功举办高水平冰雪运动赛事能够显著提升景区的知名度和曝光度。这些赛事不仅对于提升景区的品牌影响力具有重要作用，还能够促进当地冰雪旅游产业的发展和繁荣。

2. 成功案例

以日本的北海道为例，北海道通过举办札幌冰雪节、亚洲冬季运动会等高水平赛事，显著提升了当地旅游的影响力。一方面，这些赛事吸引了来自世界各地的运动员和观众。他们的到来直接促进了当地住宿、餐饮、购物等消费，为旅游业带来了可观的收入。另一方面，大规模的赛事报道使得北海道的美丽雪景、丰富的冰雪活动以及优质的旅游服务在全球范围内广泛传播。许多人通过媒体的镜头了解到北海道独特的冰雪魅力，从而产生了前往旅游的愿望。此外，赛事举办期间，北海道还会组织各种特色活动，如民俗表演、美食节等，让游客在欣赏赛事的同时，深入感受当地的文化风情。同时，当地政府和旅游部门借助赛事的热度，积极推广旅游线路和产品，包括温泉之旅、滑雪度假套餐等，吸引游客在赛事结束后继续前来，延长旅游消费链条。

为了在激烈的竞争中脱颖而出，各冰雪旅游目的地需要采取以下策略：

深入分析市场需求和游客偏好：了解游客的需求变化和消费趋势是提升竞争力的基础。通过市场调研和数据分析，冰雪旅游目的地可以更加准确地把握游客的偏好和需求，为产品开发和服务提供有力支持。例如，针对家庭游客可以提供亲子滑雪套餐，针对高端市场可以提供私人定制的冰雪体验等。

准确定位市场角色和发展方向：明确自己的竞争优势和目标市场是避免同质化竞争的关键。各冰雪旅游目的地应根据自身的资源条件、历史文化和市场需求等因素，确定独特的市场定位和发展方向。例如，可以打造以冰雪运动为主题的旅游目的地、以冰雪文化为特色的旅游小镇等。

加强产品创新和服务升级：不断推出新产品、新服务和新体验是满足游客多样化和个性化需求的重要手段。例如，可以开发虚拟现实滑雪体验、冰雪主题酒店等创新产品；提供"一站式"旅游服务、私人导游等升级服务。同时，加强服务人员的培训和管理也是提升服务质量和效率的关键。通过定期培训和考核，可以确保服务人员具备专业的知识和技能，为游客提供更加优质、便捷的服务。

以高水平冰雪运动赛事提升品牌影响力的竞争者在冰雪旅游市场中具有显著的优势。通过深入分析市场需求、准确定位市场角色和加强产品创新与服务升级等策略的实施，这些竞争者将进一步巩固其市场地位并扩大市场份额。

第二节　冰雪旅游产业的合作与创新

一、区域合作与一体化

（一）资源共享

1. 优质雪场资源的共享

优质雪场资源的共享是冰雪旅游发展的重要策略之一。不同地区的雪场资源在规模、设施、雪质等方面存在差异，这为区域合作提供了可能性。通过共享和整合这些资源，可以实现优势互补，提高整个区域的冰雪旅游竞争力。首先，大型、设施完善的雪场是吸引高端滑雪爱好者和举办国际级滑雪赛事的重要资源。这些雪场通常具备优质的雪质、先进的设施和专业的服务，可以满足高端游客对高品质滑雪体验的需求。然而，单一地区的雪场可能无法满足所有游客的需求，因此需要与其他地区进行合作。通过共享大型、设施完善的雪场资源，可以吸引更多的高端滑雪爱好者前来体验，同时也有助于提高整个区域的冰雪旅游形象和知名度。其次，小型、特色鲜明的雪场是开展群众性冰雪活动和家庭亲子滑雪的理想选择。这些雪场通常具有独特的特色和魅力，可以满足不同年龄段和不同需求的游客。然而，单个小型雪场可能难以独立发展，需要与其他雪场进行合作。通过共享小型、特色鲜明的雪场资源，可以将这些独特的资源串联起来，形成一条跨区域的滑雪旅游线路。这不仅可以为游客提供多样化的滑雪体验，还可以促进区域内的冰雪旅游发展。

在实现优质雪场资源共享的过程中，需要注重以下几个方面。

区域合作：不同地区的雪场需要打破地域限制，通过合作实现资源共享。这需要各地区之间的沟通和协调，建立互利共赢的合作机制。

标准化管理：为了确保共享的雪场资源能够提供高品质的服务和体验，需要制定统一的管理标准和规范，包括设施维护、服务质量、安全保障等方面。

联合营销：通过联合营销可以扩大共享雪场资源的知名度和影响力。各地区可以共同开展宣传推广活动，提高整个区域的冰雪旅游竞争力。

持续创新：随着市场需求的变化和技术的进步，共享的雪场资源需要不断进行创新和改进，包括设施更新、服务升级、活动策划等方面，以保持对游客的吸引力。

优质雪场资源的共享是促进冰雪旅游发展的重要策略之一。通过区域合作、标准化管理、联合营销和持续创新，可以实现优势互补，提高整个区域的冰雪旅游竞争力。这不仅可以为游客提供多样化的滑雪体验，还可以促进区域内的冰雪旅游发展，实现互利共赢。

2. 丰富冰雪文化的共享

丰富冰雪文化的共享是促进冰雪旅游持续发展的重要驱动力。通过区域合作，将不同地区的独特冰雪文化传统和节庆活动整合起来，共同打造具有区域特色的冰雪文化品牌，进一步提升冰雪旅游的吸引力和竞争力。首先，历史悠久的冰雪节庆活动是展示地区冰雪文化的重要窗口。这些节庆活动通常承载着当地的文化传统和历史记忆，吸引了大量游客前来参与和体验。例如，冰雕展和雪雕展作为传统的冰雪文化活动，展示了精湛的雕刻技艺和独特的艺术风格；滑雪比赛则体现了冰雪运动的激情与活力，吸引了大量的滑雪爱好者和观众。通过共享这些节庆活动，可以扩大其影响力和知名度，提升整个区域的冰雪旅游形象。其次，注重冰雪文化的创意和创新是推动冰雪旅游发展的重要动力。随着社会的发展和人们需求的多样化，冰雪旅游需要不断创新和升级。一些地区在冰雪文化的创意和创新方面具有优势，如冰雪主题音乐会、冰雪时尚秀等，这些活动将音乐、时尚等元素与冰雪相结合，为游客带来全新的体验和感受。通过共享这些创新型的冰雪文化活动，可以激发整个区域的创新活力，推动冰雪旅游的发展。

在实现丰富冰雪文化共享的过程中，需要注重以下几个方面。

文化传承：保护和传承各地的冰雪文化传统是共享的基础。各地区应该深入挖掘自身的冰雪文化资源，了解其历史背景和文化内涵，使其得到有效的传承和发展。

创意发展：鼓励各地在冰雪文化上进行创新和突破，结合现代元素和市场需求，打造独具特色的冰雪文化品牌。这有助于提升整个区域的冰雪旅游吸引力。

合作共赢：通过合作实现共赢是关键。各地区应该加强交流与合作，共同策划和组织大型冰雪文化活动，实现资源共享、互利共赢的局面。

品牌推广：加强冰雪文化品牌的推广和宣传，提高知名度和美誉度。通过举办各类冰雪文化活动、展览、演出等形式，吸引更多的游客前来体验和参与。

丰富冰雪文化的共享对于促进冰雪旅游的持续发展具有重要意义。通过挖掘和传承各地的独特冰雪文化传统、鼓励创意发展和合作共赢、加强品牌推广等措施，共同打造具有区域特色的冰雪文化品牌，提升整个区域的冰雪旅游竞争力。这不仅有助于推动当地经济的发展，还有助于传承和弘扬冰雪文化，满足游客对于独特冰雪旅游体验的需求。

3. 独特冰雪景观的共享

独特冰雪景观的共享是提升冰雪旅游吸引力和竞争力的重要手段。通过区域合作，将不同地区独特的冰雪景观资源整合起来，共同打造具有震撼力和吸引力的冰雪景观线路，为游客提供一次难忘的冰雪之旅。首先，壮观的雪山、冰川和冰瀑等自然景观是冰雪旅游的核心资源之一。这些景观在视觉上具有强烈的冲击力，能够给游客带来震撼和惊叹。通过区域合作，将这些自然景观串联起来，形成一条跨区域的冰雪景观线路，让游客在一次旅行中欣赏到多个地区的独特自然风光。这种整合方式不仅提高了景观的观赏价值，还为游客提供了更加便捷和丰富的旅游体验。其次，独特的冰雪城堡、雪雕艺术等人文景观也是冰雪旅游的重要组成部分。这些景观通常融入了当地的文化元素和艺术创意，为游客提供了不同于自然景观的观赏体验。通过区域合作，将不同地区的人文景观串联起来，形成一条丰富多彩的冰雪文化线路。这不仅有助于弘扬和传播冰雪文化，还能为游客提供更加全面的冰雪文化体验。

在实现独特冰雪景观共享的过程中，需要注重以下几个方面。

资源整合：各地区需要深入挖掘自身的冰雪景观资源，了解其特点、价值和优势。通过整合这些资源，可以实现优势互补，提高整个区域的冰雪旅游吸引力。

合作共赢：区域合作是实现冰雪景观共享的关键。各地区应该建立互利共赢的合作机制，共同策划和组织冰雪景观线路的开发和推广。通过合作，可以降低成本、提高效益，实现共同发展。

品牌建设：加强冰雪景观品牌的推广和宣传是关键。各地区应该共同打造具有区域特色的冰雪景观品牌，提高知名度和美誉度。通过举办冰雪景观节庆活动、展览、演出等形式，吸引更多的游客前来观赏和体验。

持续创新：随着市场需求的变化和技术的进步，冰雪景观需要不断进行创新和改进。各地区应该关注市场需求和游客需求的变化，不断推出新的冰雪景观产品和活动，保持对游客的吸引力。

独特冰雪景观的共享对于提升冰雪旅游吸引力和竞争力具有重要意义。通过资源整合、合作共赢、品牌建设和持续创新等措施，可以共同打造具有震撼力和吸引力的冰雪景观线路，为游客提供一次难忘的冰雪之旅。这不仅有助于推动当地经济的发展，还有助于传承和弘扬冰雪文化，满足游客对于独特冰雪旅游体验的需求。冰雪旅游资源的共享可以实现不同地区之间的优势互补和协同发展，提高资源的利用效率和冰雪旅游的整体竞争力。同时，通过共享冰雪旅游资源，可以促进区域旅游合作和交流，推动冰雪旅游产业的可持续发展。

（二）优势互补

1. 冰雪运动设施建设上的优势互补

冰雪运动设施建设上的优势互补是冰雪旅游产业发展的重要策略之一。不同地区在冰雪运动设施建设上可能面临各种挑战，如资金、技术、土地等资源的限制。通过区域合作，各地区可以充分发挥自身的优势，实现资源共享和互利共赢。首先，资金和技术实力较强的地区可以为其他地区提供必要的支持和帮助。冰雪运动设施的建设需要大量的资金和技术投入，对于一些经济和技术实力较弱的地区来说，独立建设高水平的冰雪运动设施存在较大困难。通过区域合作，这些地区可以获得外部的资金和技术支持，加速冰雪运动设施的建设进程。资金和技术实力较强的地区可以输出资金、技术和人才，与当地政府、企业和其他合作伙伴共同参与冰雪运动设施的建设和管理。这样可以降低建设成本、提高建设效率，并确保设施的质量和可持续性。其次，土地等资源较为丰富的地区可以为冰雪运动设施的建设提供用地保障。在冰雪旅游产业的发展中，土地资源的获取和利用是一个关键因素。一些地区可能面临土地资源紧张的局面，无法满足大规模冰雪运动设施的建设需求。而另一些地区则可能拥有较为丰富的土地资源，但缺乏有效的开发利用方式。通过区域合作，土地资源丰富的地区可以为冰雪运动设施的建设提供必要的用地保障。这可以解决土地资源紧张地区的难题，实现土地资源的合理配置和高效利用。

在实现冰雪运动设施建设上的优势互补过程中，需要注重以下几个方面。

合作机制的建立：各地区之间需要建立互利共赢的合作机制，明确合作目标和利益分配方式。通过签订合作协议、建立合作组织等方式，确保合作的顺利进行和可持续性。

统一规划与布局：在冰雪运动设施建设上，需要进行统一规划和布局，确保设施的合理分布和功能互补。这有助于避免重复建设和资源浪费，提高设施的使用效率和运营效益。

技术交流与人才培养：加强技术交流与人才培养是提升冰雪运动设施建设水平的重要途径。各地区之间可以开展技术合作、经验分享、培训等活动，提高当地的技术和管理水平，培养专业化的冰雪旅游人才。

政策支持与资金保障：政府可以出台相关政策支持区域合作，为冰雪运动设施建设提供资金保障。例如，提供财政补贴、税收优惠、贷款支持等政策措施，鼓励企业和社会资本参与冰雪旅游产业的发展。

冰雪运动设施建设上的优势互补对于促进冰雪旅游产业的协同发展具有重要意义。通过区域合作，各地区可以充分发挥自身的优势，实现资源共享和互利共赢。这不仅可以提升整个区域的冰雪运动设施建设水平，还可以促进区域经济的协同发展，推动冰雪旅游产业的持续繁荣。

2.冰雪文化推广上的优势互补

冰雪文化推广上的优势互补对于提升冰雪旅游的内涵和吸引力具有重要作用。由于文化传统、宣传推广能力等方面的差异，不同地区在冰雪文化推广上可能面临不同的挑战。通过区域合作，各地区可以共享资源和经验，实现互利共赢。首先，拥有丰富冰雪文化资源的地区可以为其他地区提供文化内容和创意支持。这些地区通常拥有独特的冰雪景观、民俗活动、传统艺术等资源，可以为冰雪旅游提供丰富的文化内涵。通过区域合作，这些地区可以将自己的文化资源与其他地区的资源进行整合，创造出更具吸引力的冰雪文化产品。这不仅可以丰富冰雪旅游的文化内涵，还可以促进区域文化的交流与传承。其次，具有较强宣传推广能力的地区可以为冰雪文化的推广提供渠道和平台支持。这些地区通常拥有广泛的媒体网络、营销渠道和品牌影响力，可以为冰雪文化的宣传推广提供有力支持。通过区域合作，这些地区可以利用自己的宣传推广优势，将冰雪文化资源推向更广泛的受众。这有助于扩大冰雪文化的影响力和知名度，吸引更多的游客前来体验和参与。

在实现冰雪文化推广上的优势互补过程中，需要注重以下几个方面。

资源整合：各地区需要深入挖掘自身的冰雪文化资源，了解特点、价值和优势。通过整合这些资源，实现优势互补，提高整个区域的冰雪文化推广水平。

合作共赢：区域合作是实现冰雪文化推广优势互补的关键。各地区应该建立互利共赢的合作机制，共同策划和组织冰雪文化推广活动。通过合作，降低成本、提高效益，实现共同发展。

品牌建设：加强冰雪文化品牌的推广和宣传是关键。各地区应该共同打造具有区域特色的冰雪文化品牌，提高知名度和美誉度。通过举办冰雪文化节庆活动、展览、演出等，吸引更多的游客前来观赏和体验。

持续创新：随着市场需求的变化和技术的进步，冰雪文化需要不断进行创新和改进。各地区应该关注市场需求和游客需求的变化，不断推出新的冰雪文化产品和活动，保持对游客的吸引力。

冰雪文化推广上的优势互补对于提升冰雪旅游的内涵和吸引力具有重要意义。通过资源整合、合作共赢、品牌建设和持续创新等措施，共同打造具有独特魅力和吸引力的冰雪文化品牌，为游客提供一次难忘的冰雪之旅。这不仅有助于推动当地经济的发展，还有助于传承和弘扬冰雪文化，满足游客对于独特冰雪旅游体验的需求。

冰雪旅游产业的优势互补是实现区域合作和协同发展的重要途径。通过在冰雪运动设施建设和冰雪文化推广上的优势互补，可以充分发挥各地区各自的优势和潜力，共同提升冰雪旅游产业的整体发展水平，推动区域经济的持续健康发展。

（三）协同发展

区域合作在冰雪旅游产业的协同发展中扮演着至关重要的角色。通过协同规划、协同营销、协同服务等方式，推动冰雪旅游产业链上下游企业之间的紧密合作，促进整个产业的健康、有序和高效发展。

1. 协同规划

协同规划在冰雪旅游产业的发展中具有至关重要的作用。通过协同规划，各地区可以共同制定冰雪旅游产业的发展目标和战略，明确发展方向和重点，确保资源的合理配置和高效利用。以下是协同规划在冰雪旅游产业发展中的具体作用。

明确发展方向和重点：通过协同规划，各地区可以结合自身的资源禀赋、市场需求和发展潜力，明确各自在冰雪旅游产业中的定位和发展重点。这有助于避免盲目投资和重复建设，减少资源浪费，提高发展效率。

优化资源配置：协同规划有助于实现资源的优化配置和高效利用。各地区可以根据整体规划和战略，合理分配资金、技术、人才等资源，确保资源在不同地区之间的有效流动和共享。这有助于提升整个区域的冰雪旅游产业发展水平。

促进产业融合发展：协同规划可以促进冰雪旅游产业与其他相关产业的融合发展。通过与其他产业的合作与交流，冰雪旅游产业可以拓展产业链条，开发更多元化的产品和服务，形成更加完善的产业体系。这有助于提高冰雪旅游产业的竞争力和吸引力。

加强区域合作与交流：协同规划有助于加强各地区之间的合作与交流。通过共同制定规划，各地区可以相互了解、分享经验和资源，实现互利共赢。这有助于提升区域整体的冰雪旅游产业发展水平，增强区域经济的整体竞争力。

保障可持续发展：协同规划可以促进冰雪旅游产业的可持续发展。通过制定可持续发展的目标和措施，各地区可以关注环境保护、文化传承、社区参与等方面的问题，确保冰雪旅游产业的可持续发展。

为了实现协同规划，需要采取以下措施。

建立合作机制：各地区之间应建立稳定的合作机制，如成立合作联盟、签订合作协议等，明确各方在协同规划中的角色和责任。

加强信息共享：建立信息共享平台，促进各地区之间的信息交流与分享，以便更好地了解彼此的发展状况和需求。

制定统一标准：在协同规划过程中，应制定统一的标准和规范，确保各地区在冰雪旅游产业发展中能够协调一致、互相支持。

发挥政府作用：政府应发挥引导和支持作用，为协同规划提供政策支持、资金投入等方面的保障措施。

协同规划是实现冰雪旅游产业协同发展的前提和基础。通过制定科学合理的发展规划和战略，各地区可以明确发展方向和重点，优化资源配置，促进产业融合发展，加强区域合作与交流，保障可持续发展。这有助于提升整个区域的冰雪旅游产业发展水平，增强区域经济的整体竞争力。

2. 协同营销

协同营销在冰雪旅游产业的发展中具有重要的作用。通过不同地区之间的合作，可以共同推广冰雪旅游产品，提高整个产业的竞争力和知名度。以下是协同营销在冰雪旅游产业发展中的具体作用。

扩大市场覆盖面：各地区联合开展营销活动，将各自的客源市场进行整合，实现资源共享。这有助于扩大冰雪旅游产品的市场覆盖面，提高市场占有率。

提高品牌影响力：通过共同打造具有区域特色的冰雪旅游品牌，各地区可以提升品牌知名度和美誉度。这有助于吸引更多游客前来体验和消费，增加冰雪旅游产业的吸引力。

促进企业合作：协同营销可以促进冰雪旅游产业链上下游企业之间的紧密合作。通过合作，企业之间可以实现资源互补、互利共赢，推动整个产业的协同发展。

提升竞争力：协同营销有助于提升整个冰雪旅游产业的竞争力。通过联合推广和营销，各地区形成合力，共同应对市场竞争。这有助于增强整个产业的竞争实力，提高市场地位。

降低营销成本：协同营销可以降低各地区在冰雪旅游产品推广和营销方面的成本。通过资源共享、联合采购等方式，降低营销成本，提高营销效率。

为了实现协同营销，需要采取以下措施。

建立合作机制：各地区之间应建立稳定的合作机制，明确各方在协同营销中的角色和责任。这有助于加强各地区之间的沟通和协调，确保营销活动的顺利进行。

制定统一的品牌形象：在协同营销过程中，应制定统一的品牌形象和宣传口号，确保各地区在推广和营销中保持一致性。这有助于提升品牌知名度和美誉度。

拓展营销渠道：各地区应共同拓展营销渠道，如线上平台、旅行社、会议、展览等。通过多种渠道的推广，可以扩大冰雪旅游产品的市场覆盖面和影响力。

加强信息交流与分享：建立信息交流与分享平台，促进各地区之间的信息共享。通过分享经验和资源，可以提升整个区域的冰雪旅游产业协同营销水平。

政府支持与引导：政府应发挥支持和引导作用，为协同营销提供政策支持、资金投入等方面的保障措施。同时，政府还应鼓励和支持企业之间的合作与交流，促进产业融合发展。

协同营销是提升冰雪旅游产业整体竞争力和知名度的重要手段。通过加强各地区之间的合作和交流，共同推广冰雪旅游产品，可以扩大市场覆盖面和品牌影响力，促进企业之间的紧密合作和整个产业的协同发展。这有助于提升整个区域的冰雪旅游产业发展水平，增强区域经济的整体竞争力。

3. 协同服务

协同服务在冰雪旅游产业的发展中具有重要的作用。通过不同地区之间的合作，可以共同提升冰雪旅游服务的质量和水平，提高游客的满意度。以下是协同服务在冰雪旅游产业发展中的具体作用。

提升服务质量：协同服务可以促进各地区之间的冰雪旅游服务标准的统一和规范。通过制定统一的服务标准和质量要求，各地区可以提升服务质量和水平，确保游客得到优质、便捷的旅游体验。

优化服务流程：协同服务有助于优化冰雪旅游服务的流程。通过简化流程、提高效率，可以缩短游客等待时间，提高游客满意度。同时，协同服务还可以促进各地区之间的信息共享和资源整合，提高服务效率。

加强人员培训：协同服务可以加强冰雪旅游服务人员的培训。通过联合培训、交流学习等方式，服务人员可以提高专业技能和服务水平，为游客提供更加专业、周到的服务。

完善服务设施：协同服务有助于完善冰雪旅游服务设施。通过共同投资、建设和完善设施，各地区可以提供更加完备、舒适的服务环境，满足游客的需求。

产业融合发展：协同服务可以促进冰雪旅游产业与其他相关服务产业的融合发展。通过与其他产业的合作与交流，冰雪旅游产业可以拓展服务领域，提供更加多元化、个性化的服务产品，推动整个服务产业的升级和转型。

为了实现协同服务，需要采取以下措施。

建立服务标准：制定统一的冰雪旅游服务标准和质量要求，确保各地区的服务质量和水平达到标准。

加强人员培训：建立人员培训机制，通过联合培训、交流学习等方式，提高服务人员的专业技能和服务水平。

完善服务设施：共同投资、建设和改善冰雪旅游服务设施，提高设施的完备性和舒适度。

优化服务流程：简化服务流程，提高服务效率，确保游客能够快速、便捷地获得所需服务。

建立合作机制：建立稳定的合作机制，明确各方在协同服务中的角色和责任，加强各地区之间的合作与交流。

协同服务是提升冰雪旅游产业服务质量和游客满意度的重要途径。通过加强各地区之间的合作和交流，共同提升服务质量和水平，提供更加优质、便捷的旅游体验。同时，协同服务还可以促进冰雪旅游产业与其他相关服务产业的融合发展，推动整个服务产业的升级和转型。这有助于提升整个区域的冰雪旅游产业发展水平，增强区域经济的整体竞争力。

冰雪旅游产业的协同发展需要不同地区之间的紧密合作和共同努力。通过协同规划、协同营销、协同服务等方式，推动冰雪旅游产业链上下游企业之间的紧密合作，促进整个产业的健康、有序和高效发展，为游客提供更加优质、多样的冰雪旅游体验。

（四）政府、企业和社会各界共同参与

1. 政府的引导和推动作用

政府在冰雪旅游产业发展中发挥着不可或缺的引导和推动作用。首先，政府需要制定相关政策和规划，明确冰雪旅游产业的发展方向和目标，为产业发展提供政策保障和规划引领。其次，政府需要提供公共服务和支持，如基础设施建设、环境保护、安全保障等，为冰雪旅游产业的顺利发展提供必

要的条件和保障。此外，政府还需要加强监督和管理，规范市场秩序，维护公平竞争，保障游客的合法权益。

2. 企业的市场主体作用

企业作为冰雪旅游产业的市场主体，在推动产业发展方面发挥着至关重要的作用。

提升竞争力：企业是冰雪旅游产品和服务的主要提供者，其竞争力直接影响到整个产业的竞争力。企业需要不断创新，提高产品质量和服务水平，以满足市场需求和消费者日益多样化的需求。同时，企业还需要关注成本、价格和利润等方面，确保在市场竞争中具有优势地位。

推动产品创新和服务升级：企业是冰雪旅游产品和服务创新的主体，需要不断推出新的产品和服务，满足消费者的需求和期望。企业可以通过技术创新、服务创新和管理创新等方式，提升产品的附加值和竞争力，推动冰雪旅游产业的升级和发展。

加强品牌建设和营销推广：品牌建设和营销推广是提升冰雪旅游产品知名度和美誉度的重要手段。企业需要制定有效的品牌战略和营销策略，加强品牌宣传和推广，提高产品的市场占有率和竞争力。同时，企业还需要关注口碑营销和社交媒体营销等新型营销方式，扩大产品的知名度和影响力。

社会责任和可持续发展：企业在追求经济效益的同时，还需要关注社会责任和可持续发展。企业需要积极参与公益事业和环境保护，推动产业绿色发展。同时，企业还需要关注员工福利和消费者权益保护等方面，树立良好的企业形象和社会声誉。

为了更好地发挥企业的市场主体作用，需要采取以下措施。

加强政策支持：政府应加大对冰雪旅游企业的政策支持力度，包括税收优惠、资金扶持、人才培养等方面，降低企业的经营成本和风险。

建立合作机制：企业之间应建立稳定的合作关系，通过资源共享、技术交流等方式实现互利共赢。同时，企业还需要与供应商、分销商等上下游企业建立良好的合作关系，形成紧密的产业链条。

加强人才培养：企业应注重人才培养和引进，提高员工的素质和能力。通过培训、激励等方式，激发员工的积极性和创造力，为企业的发展提供强有力的人才保障。

加强技术创新和研发：企业应注重技术创新和研发，提高产品的科技含量和附加值。通过引入先进的技术和管理经验，推动企业的转型升级和可持续发展。

关注市场需求和消费者需求：企业应关注市场需求和消费者需求的变化，及时调整产品和服务策略。同时，企业还需要深入挖掘消费者的需求和期望，提供更加个性化、高品质的产品和服务。

企业在冰雪旅游产业的发展中发挥着至关重要的作用。通过提升自身的竞争力、推动产品创新和服务升级、加强品牌建设和营销推广、关注社会责任和可持续发展等方面的工作，企业可以更好地发挥市场主体作用，推动冰雪旅游产业的健康发展和持续繁荣。

3. 社会各界的智力支持和舆论监督

社会各界在冰雪旅游产业的发展中确实扮演着不可或缺的角色。

第一，学术界与科研机构的智力支持。

理论研究与创新：学术界和科研机构通过深入研究冰雪旅游产业的发展规律、市场趋势、技术创新等方面，为产业发展提供理论支撑和指导。

人才培养与教育：这些机构还为冰雪旅游产业提供人才培训和继续教育，确保产业有足够的高素质人才。

交流与合作：促进国内外学术交流与合作，引入国际先进理念和技术，推动冰雪旅游产业的国际化和创新发展。

第二，媒体的舆论监督与宣传推广。

信息传播：媒体是信息传播的重要渠道，能及时报道冰雪旅游产业的新闻、活动和动态，提高公众的关注度和参与度。

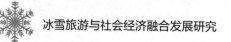

舆论监督：通过媒体的舆论监督，对冰雪旅游产业的发展进行客观评价，对存在的问题和不足进行曝光，促使产业自我改进和规范发展。

品牌宣传与推广：媒体也是品牌宣传和推广的重要平台，有助于提高冰雪旅游产品和服务的知名度，吸引更多游客。

第三，公众的参与与监督。

消费者反馈：公众作为冰雪旅游的消费者，可以为产业发展提供宝贵的反馈和建议，帮助改进产品和服务。

社会监督：公众通过媒体和其他渠道对冰雪旅游产业进行监督，确保产业的透明度和公平性。

参与决策：公众的意见和声音在政策制定、项目评估等方面也有一定的影响力，有助于推动决策的民主化和科学化。

第四，教育普及与社会认知提升。

知识传播：通过各种教育和宣传活动，提高公众对冰雪旅游的认知度和兴趣，培养大众的参与意识。

文化传承：在冰雪旅游活动中融入当地文化和传统，使游客在体验中了解和传承这些文化。

社会氛围营造：通过广泛的社会参与和宣传，营造全社会共同关注和支持冰雪旅游产业发展的良好氛围。

为了更好地发挥社会各界的作用，建议采取以下措施。

加强与社会各界的合作：政府、企业和社会各界应建立广泛的合作关系，共同推动冰雪旅游产业的发展。

建立反馈机制：为公众和企业提供反馈渠道，及时收集和回应社会各界的意见和建议。

支持学术研究与交流：鼓励学术界和科研机构开展冰雪旅游产业的相关研究，提供必要的资金和政策支持。

强化媒体宣传与舆论引导：利用媒体资源广泛宣传冰雪旅游产业的发展

成果和经验，同时加强舆论引导，确保信息的客观性和公正性。

区域合作与一体化对于冰雪旅游产业的发展具有重要意义。通过加强区域合作，可以实现资源共享、优势互补、协同发展，提高整个区域的冰雪旅游竞争力。同时，政府、企业和社会各界的共同参与和协调配合也是推动冰雪旅游产业健康发展的重要保障。

二、技术创新与服务升级

（一）技术创新

1. 产品开发中的技术创新

在冰雪旅游产品开发中，技术创新是推动产业发展的重要驱动力。随着科技的不断发展，越来越多的新材料和新技术被应用到冰雪旅游产品的制造中，为产品带来了更多的竞争优势，提升了用户体验。首先，新材料的应用为冰雪旅游产品带来了更多的可能性。例如，碳纤维和钛合金等高性能材料在滑雪板、滑冰鞋等运动装备中的应用，能够显著提高产品的性能和使用寿命。这些新材料具有轻质、高强度和耐腐蚀等优点，使产品更加轻便、坚固和耐用。同时，这些材料还可以根据产品的不同需求进行定制化生产，满足不同用户的需求。其次，新工艺的应用也为冰雪旅游产品的制造带来了更多的优势。例如，3D打印技术可以实现复杂结构的快速成型，使产品的制造更加高效、精准。这种技术可以用于制造定制化的滑雪板、滑冰鞋等运动装备，根据个人的身体特点和需求进行个性化定制，提高产品的舒适度和使用效果。除了新材料和新工艺的应用，技术创新还体现在产品设计的改进上。设计师可以通过引入更多的科技元素和创新理念，提高产品的舒适度、安全性和易用性。例如，智能穿戴设备可以通过传感器和算法监测用户的身体状态和运动数据，为用户提供更加个性化的建议和反馈。这种技术不仅提高了产品的智能化水平，也提升了用户的体验和参与度。

技术创新在冰雪旅游产品开发中发挥着重要的作用。通过新材料和新工艺的应用以及产品设计的改进，可以提高产品的性能和使用体验，推动冰雪旅游产业的持续发展。

2. 服务提供中的技术创新

在冰雪旅游的服务提供方面，科技创新为游客带来了更加丰富和便捷的体验。通过应用虚拟现实（VR）和增强现实（AR）技术，游客可以在不亲临现场的情况下感受到冰雪运动的乐趣，同时还能更加高效、安全地学习冰雪运动技能。首先，VR 技术为冰雪旅游提供了一种全新的体验方式。通过佩戴 VR 设备，游客可以在家中或室内体验到逼真的冰雪场景，感受到滑雪、滑冰等运动的刺激和愉悦。这种技术不仅为游客提供了更加便捷的体验方式，还能避免因气候、场地等因素的限制，使更多人能够参与到冰雪运动中来。其次，AR 技术为冰雪旅游增添了更多的互动性和趣味性。通过将虚拟的元素融入真实的冰雪场景中，AR 技术可以为游客提供更加丰富的互动体验。例如，游客可以通过 AR 技术在雪地上看到虚拟的动物、人物等，与它们进行互动和拍照。这种技术不仅增加了游客的参与度和趣味性，还能为景区带来更多的商业机会和收益。此外，科技创新也为冰雪旅游的培训和教学提供了便利。传统的冰雪运动培训需要大量的场地和教练资源，而智能化的教学设备和系统则可以大大降低这些成本。例如，智能滑雪教练系统可以通过传感器和算法监测游客的滑雪动作和姿势，为其提供更加精准和个性化的指导。同时，在线冰雪运动课程也为游客提供了更加灵活的学习方式，让他们可以随时随地学习冰雪运动技能，提升运动水平。

服务提供中的技术创新为冰雪旅游带来了更多的可能性。通过应用 VR、AR 等技术以及智能化的教学设备和系统，可以为游客提供更加丰富、便捷和个性化的服务体验，推动冰雪旅游产业的持续发展。

3. 市场营销中的技术创新

在市场营销方面，技术创新为冰雪旅游带来了新的机遇和挑战。随着互联网、社交媒体等数字技术的普及，冰雪旅游企业可以利用这些平台实现更加精准、高效的市场推广，提升品牌影响力和客户忠诚度。首先，大数据分析技术的应用为冰雪旅游企业提供了更加精准的市场定位和营销策略。通过收集和分析游客的行为数据、消费习惯和兴趣偏好等信息，企业可以更加深入地了解目标客户的需求和喜好，从而制定更加符合其需求的营销策略。例如，企业可以根据游客的历史预订记录和浏览行为，为其推送定制化的冰雪旅游产品推荐和优惠活动，提高转化率和客户满意度。其次，社交媒体平台的兴起为冰雪旅游企业提供了与潜在客户建立紧密联系的机会。通过在社交媒体上发布旅游攻略、产品介绍和活动信息等内容，企业可以吸引更多潜在客户的关注和互动。同时，通过与客户的在线互动和反馈收集，企业可以及时了解客户的真实需求和意见，进一步优化产品和服务。这种互动不仅有助于提升品牌影响力和客户忠诚度，还能为企业带来更多的口碑传播和用户推荐。此外，在线旅游平台的兴起也为冰雪旅游市场营销带来了更多机遇。随着互联网的普及和移动支付的便利性提升，越来越多的游客选择通过在线平台预订和购买冰雪旅游产品。通过与在线平台的合作，企业可以扩大产品曝光和销售渠道，降低营销成本和提高销售效率。同时，在线平台还可以为企业提供用户评价和反馈等数据，帮助企业更好地了解市场需求和产品改进方向。

市场营销中的技术创新为冰雪旅游带来了更多的市场机会和竞争优势。通过利用大数据分析、社交媒体和在线旅游平台等数字技术，冰雪旅游企业可以实现更加精准、高效的市场推广，提升品牌影响力和客户忠诚度，从而在激烈的市场竞争中脱颖而出。

（二）服务升级

1. 提升服务质量

冰雪旅游服务升级的核心在于提升服务质量，以满足游客不断增长的需求和期望。

第一，住宿服务优化。

改善设施：对住宿设施进行定期维护和升级，确保设施完备、功能齐全，符合现代旅游者的需求。

提升舒适度：关注房间的舒适度，如调整床铺的软硬、提供舒适的枕头和被子，以及确保房间温度适宜。

严格执行卫生标准：制定严格的清洁和消毒流程，确保房间的卫生状况达到高标准，给游客提供干净、卫生的住宿环境。

第二，餐饮服务升级。

保障食材新鲜：与当地可靠的供应商建立合作关系，确保食材的新鲜和无污染。

研发特色菜品：结合当地食材和传统烹饪方法，推出具有地方特色的菜品，满足游客的味蕾体验。

营造餐饮环境：除了食物本身，餐饮环境的氛围也很重要。可以布置具有冰雪主题的餐厅，提供舒适的用餐环境。

第三，导游服务提升。

专业培训：定期为导游提供专业技能和服务的培训，确保他们具备丰富的冰雪知识和良好的讲解能力。

强化服务意识：强调以游客为中心的服务理念，培养导游的主动性和服务意识，确保游客在整个行程中得到细致的关照。

监控服务质量：建立导游服务质量评估体系，对导游的服务进行实时监控和反馈，确保其服务水平达到标准。

第四，其他附加服务。

活动策划：根据游客的兴趣和需求，推出丰富的冰雪活动策划，如滑雪、雪橇、雪地瑜伽等。

个性化定制：为游客提供个性化的行程规划和定制服务，满足不同游客的特殊需求。

旅游纪念品开发：设计具有冰雪特色的旅游纪念品，如冰雪主题的工艺品、特色服饰等，丰富游客的购物体验。

第五，持续改进和创新。

建立反馈机制：建立有效的游客反馈机制，收集游客的意见和建议，持续改进服务质量和提升游客满意度。

应用技术创新：引入新的技术手段，如智能导游系统、电子支付等，提高服务的便捷性和效率。

市场调研与趋势跟踪：定期进行市场调研，了解行业动态和游客需求的变化，及时调整服务内容和策略。

通过以上措施的实施，冰雪旅游服务的质量将得到显著提升，进一步增强游客的满意度和忠诚度，促进冰雪旅游产业的持续发展。

2. 满足个性化需求

在当今旅游市场不断细分的背景下，游客的需求和偏好呈现出日益多样化的趋势。冰雪旅游企业要想在激烈的市场竞争中脱颖而出，满足个性化需求是关键。

深入了解游客需求：通过市场调研和数据分析，深入了解不同年龄、不同地域、不同职业的游客群体的需求和偏好。与游客进行沟通交流，收集真实反馈，了解其对于冰雪旅游的具体期望和要求。

开发多样化的冰雪运动课程和活动：根据不同年龄段的游客特点，开发儿童滑雪训练营、青少年冰雪挑战赛等特色活动。针对不同兴趣和需求的游客群体，设计冰雪摄影、雪地瑜伽等特色课程。

提供分级别的冰雪运动培训和指导：根据游客的技能水平，提供初级、中级、高级的冰雪运动培训课程。配备专业的教练团队，为游客提供个性化的指导，帮助他们逐步提升技能水平。

定制化的旅游路线规划：根据游客的兴趣和时间安排，提供定制化的旅游路线规划服务。结合冰雪旅游资源的特点，为游客打造独特的行程安排，如主题游、探险游等。

借助技术手段提升个性化服务水平：利用大数据分析，为游客推荐合适的冰雪旅游产品和服务。引入智能导游系统，提供个性化的语音导览服务，满足游客的自助游览需求。

持续改进和创新：关注行业动态和市场变化，不断更新和调整服务内容。通过游客反馈和市场调查，及时调整和完善个性化服务策略，满足游客不断变化的需求。

加强与游客的互动与沟通：利用社交媒体平台和线上社区，与游客建立紧密的联系，及时了解其反馈和建议。定期举办线下活动，如冰雪体验日、座谈会等，与游客进行面对面的交流与互动。

3. 利用技术手段提升服务效率

利用技术手段提升服务效率是冰雪旅游服务升级的关键环节。通过引入先进的技术手段，企业可以优化服务流程、提高工作效率，为游客提供更加高效、便捷的服务体验。

大数据分析：利用大数据技术，对游客的旅游偏好、消费习惯、反馈意见等信息进行收集、整理和分析。通过数据挖掘和预测，了解游客的需求和趋势，为企业决策提供科学依据。

根据数据分析结果，为游客提供更加精准的推荐和服务，提高转化率和满意度。

人工智能技术应用：引入智能客服系统，实现 24 小时在线服务，快速回答游客的问题并满足其需求。开发智能导游助手，为导游提供实时信息查询、路线规划等功能，提高导游的工作效率。利用人工智能技术进行客流监控和管理，合理调配资源，确保游客安全和良好的游览体验。

移动支付与电子门票：推广移动支付方式，如支付宝、微信支付等，方便游客快速完成购票、结账等操作。引入电子门票系统，简化入园流程，减少游客等待时间。与移动支付平台合作，提供特惠、快速通道等增值服务，提升游客体验。

智能化的设施与设备：引入智能化的设施和设备，如智能滑雪装备、智能雪地车等，提高冰雪运动的科技含量和安全性。通过智能化设施的实时监测和数据分析，为企业提供关于设施使用状况和维修计划的宝贵信息。

云技术与物联网：利用云技术进行数据存储和分析，确保数据的安全性和可扩展性。通过物联网技术实现设备间的互联互通，实时监控景区各项设施的运行状况。

虚拟现实与增强现实技术：利用虚拟现实（VR）和增强现实（AR）技术为游客提供沉浸式的冰雪旅游体验。通过VR/AR技术展示冰雪景点的虚拟场景，让游客在实地游览前有初步的了解和体验。

持续的技术创新与培训：关注新兴技术的发展动态，不断将新技术引入到冰雪旅游服务中。为员工提供定期的技术培训和交流机会，确保他们能够熟练运用新技术提升服务质量。

保护游客隐私与数据安全：在使用技术手段的过程中，严格遵守相关法律法规，保护游客的隐私和数据安全。加强内部管理，确保数据的合规使用和存储，避免数据泄露和滥用风险。

服务升级是推动冰雪旅游产业持续发展的关键所在。企业需要紧跟市场需求和技术发展趋势，不断提升服务质量、满足个性化需求、提高服务效率，为游客提供更加优质、便捷的冰雪旅游服务。

三、品牌建设与市场营销

（一）品牌建设

1. 提升知名度和美誉度

提升知名度和美誉度是冰雪旅游品牌建设的重要目标。为了实现这一目标，企业需要采取一系列有效的营销策略。

广告宣传：制定有针对性的广告策略，明确目标受众，选择合适的媒体渠道进行投放。通过数字媒体、社交媒体平台和在线广告等方式，扩大广告覆盖面，提高曝光率。创作富有创意和吸引力的广告内容，突出冰雪旅游目的地的特色和优势，如独特的景观、丰富的冰雪活动等。

公关活动：举办具有吸引力和影响力的冰雪旅游节庆活动，如冰雪文化节、滑雪节等。赞助或参与国内外知名的冰雪运动赛事，提高品牌知名度。与知名人物或机构建立合作关系，邀请他们参观或参与活动，通过其口碑传播提升品牌影响力。

口碑营销：重视游客的体验和反馈，提供优质的服务和产品，确保游客满意度。鼓励游客分享他们的旅行经历和评价，通过口碑传播扩大品牌知名度。提供一些奖励措施，如积分兑换、优惠券等，鼓励游客进行推荐和传播。

线上线下整合营销：结合线上和线下的营销手段，如线上广告与线下活动的相互配合，实现全渠道的营销覆盖。利用线下活动吸引游客参与，如体验活动、展览等，增加游客的互动和参与感。

加强与当地社区的合作：与当地社区建立紧密的合作关系，共同推广冰雪旅游资源。关注当地文化和传统，将冰雪旅游与当地特色相结合，打造独特的品牌形象。

持续的品牌建设与维护：制定长期的品牌建设规划，确保营销策略的一致性和持续性。不断调整和完善营销策略，根据市场变化和目标受众需求的变化进行相应的调整。

危机管理与应对：建立有效的危机管理机制，确保在面临突发事件或不利报道时能够迅速应对。积极与媒体沟通合作，发布正面信息，维护品牌的良好形象。

提供高质量的服务和产品：通过优质的服务和产品来提升游客满意度，为口碑营销打下坚实基础。提供定制化的服务和体验，满足不同游客的需求和期望。重视员工的培训和管理，确保他们能够提供专业、友好的服务。

通过以上措施的实施，冰雪旅游目的地及其产品将能够提升知名度和美誉度，树立良好的品牌形象，吸引更多游客前来体验和探索。

2. 塑造独特品牌形象

在激烈的市场竞争中，塑造独特的品牌形象是冰雪旅游目的地及其产品脱颖而出的关键。为了塑造独特的品牌形象，需要挖掘地域文化特色、突出冰雪资源优势、强调服务品质等。例如，一些冰雪旅游目的地可以打造"冰雪童话世界"的形象，通过营造梦幻般的冰雪景观和丰富的冰雪活动，吸引游客前来体验。另一些目的地则可以强调其"极致滑雪体验"的品牌形象，通过提供高品质的滑雪设施和服务，吸引滑雪爱好者前来挑战自我。这些独特的品牌形象能够帮助冰雪旅游目的地及其产品在市场中形成差异化竞争优势。

3. 提升游客信任度和忠诚度

提升游客信任度和忠诚度是品牌建设的长期目标，也是冰雪旅游目的地及其产品持续发展的关键。为了实现这一目标，企业需要采取一系列有效的策略和措施。

提供优质的产品和服务：确保冰雪旅游产品和服务的质量符合游客的期望和需求。提供舒适安全的住宿环境，确保设施完备、卫生清洁、服务周到。提供美味可口的餐饮服务，满足游客不同口味和饮食需求。提供专业贴心的导游服务，确保游客得到详尽的解说和关照。

关注游客反馈和建议：重视游客的意见和评价，积极收集并分析游客反馈。对于游客的建议和投诉，及时回应并采取改进措施。建立有效的沟通渠道，鼓励游客提供反馈，提高游客的参与感和归属感。

持续改进产品和服务质量：根据游客反馈和市场变化，持续改进和优化冰雪旅游产品。关注服务细节，提升服务品质，提高游客满意度。定期评估和更新服务质量标准，确保始终提供优质的产品和服务。

建立会员制度和积分奖励计划：建立会员制度，为游客提供专属的权益和优惠。推出积分奖励计划，鼓励游客在参与活动、住宿、餐饮等方面进行消费。为会员提供额外的增值服务，如会员专享活动、特惠商品等。

增强互动与参与：举办互动活动，如冰雪文化节、主题活动等，增加游客的参与感。提供定制化的服务和体验，满足不同游客的需求和期望。通过互动活动和体验，加深游客对品牌的认知和记忆，提高忠诚度。

利用社交媒体与游客建立联系：在社交媒体平台上建立官方账号，与游客保持互动和沟通。发布有用的信息和内容，如景点介绍、活动更新、旅游攻略等。通过社交媒体平台了解游客的需求和反馈，及时回应并提供帮助。

（二）市场营销

1. 深入市场调研

深入市场调研是市场营销的基础。在冰雪旅游产业中，市场调研的目标是了解目标市场的需求和游客的偏好，包括收集关于目标市场的消费习惯、消费能力、旅游动机等方面的信息。通过市场调研，冰雪旅游企业可以了解游客对冰雪活动的兴趣程度、对价格的敏感度、对住宿和餐饮的需求等，从而为制定营销策略提供有力的数据支持。市场调研的方法包括问卷调查、访谈、观察等。冰雪旅游企业可以通过在线平台或现场发放问卷，收集游客的反馈和意见。同时，也可以与游客进行面对面的访谈，深入了解他们的需求和期望。此外，通过观察游客的行为和偏好，企业也可以获取有价值的市场信息。

2. 制定针对性营销策略

制定针对性营销策略是市场营销的核心。根据市场调研结果，冰雪旅游企业需要制定具有针对性和吸引力的营销策略，以满足不同游客群体的需求。例如，针对家庭游客，企业可以推出亲子滑雪套餐，提供家庭房、儿童游乐设施等；针对高端市场，可以推出豪华冰雪度假产品，提供高端住宿、私人管家服务等。在制定营销策略时，冰雪旅游企业还需要注重营销活动的创意性和互动性。创意性可以吸引游客的注意力，提高营销活动的传播效果；互动性则可以增强游客的参与度和体验感，提升品牌的好感度。例如，企业可以通过举办冰雪主题的创意比赛、互动游戏等，吸引游客的积极参与和分享。

3. 整合线上线下渠道

在数字化时代，线上线下渠道的整合是市场营销的关键。冰雪旅游企业需要充分利用官方网站、社交媒体、OTA 平台等多种渠道进行宣传推广，以扩大品牌的覆盖面。通过官方网站，企业可以发布最新的产品信息和优惠活动，吸引游客的关注；通过社交媒体，企业可以与游客进行互动交流，提升品牌的曝光度和口碑；通过 OTA 平台，企业则可以拓宽销售渠道，提高产品的销售量。同时，冰雪旅游企业还需要优化线上线下服务流程，为游客提供便捷的购票、咨询和体验服务。例如，开通在线预订系统，方便游客随时随地预订产品和服务；设置智能客服，提供 24 小时不间断的在线咨询服务；加强线下服务团队的建设和培训，确保游客在体验过程中得到及时、专业的帮助和支持。通过整合线上线下渠道和优化服务流程，冰雪旅游企业可以提高服务效率和游客满意度，进一步提升品牌的市场竞争力。

第五章　冰雪旅游的发展策略

第一节　战略规划与布局优化

一、愿景规划与持续发展

（一）长远视角与目标设定

1. 长期性：确保冰雪旅游产业的稳定性和连续性

首先，从时间跨度的角度来看，成功的冰雪旅游愿景规划应具备足够的前瞻性，至少要能够预测并应对未来数十年的市场变化和技术革新。这样的时间框架可以确保冰雪旅游产业在应对各种不确定性时拥有足够的缓冲和适应能力。例如，随着全球气候的变化，一些传统的冰雪旅游目的地可能会面临雪量减少、雪季缩短等问题，而通过长期规划，可以提前预测这些变化，并采取相应的措施来应对，如开发新的冰雪旅游项目、推广冰雪运动文化等。其次，政策的稳定性和连贯性对于冰雪旅游产业的长期发展至关重要。政府应制定一系列长期、稳定的政策措施，为冰雪旅游产业的投资者和经营者提供可靠的发展环境。这些政策可以包括税收优惠、资金扶持、土地供应、市场监管等方面，以鼓励更多的企业和个人参与冰雪旅游产业的开发。同时，政府还应与相关部门和机构建立有效的协调机制，确保各项政策的顺利实施和落地。再次，资源的合理分配和利用也是确保冰雪旅游产业长期发展的关键因素之一。在规划过程中，需要充分考虑当地的自然资源、人文资源、基础设施等条件，避免资源浪费和重复建设。例如，在一些资源条件较好的地区，可以优先发展高端冰雪旅游项目，如高山滑雪、雪地摩托等；而在一些资源条件相对较差的地区，可以发展大众冰雪旅游项目，如滑冰、冰雕等。通过这样的差异化发展策略，可以更好地满足不同层次、不同需求的游客群体。最后，为了确保冰雪旅游产业的稳定性和连续性，还需要建立一套完善的监测和评估机制。通过对冰雪旅游产业的运行状况进行实时监测和定期评估，可以及时发现并解决存在的问题和隐患，确保冰雪旅游产业始终沿着正确的轨道前进。同时，监测和评估结果还可以为政府和企业提供有价值的决策依据和数据支持，帮助他们更好地把握市场变化和行业趋势。

2. 明确性：制定清晰、可量化的发展目标

冰雪旅游产业的愿景规划需要制定清晰、可量化的发展目标，以确保产业的健康、有序和可持续发展。这些目标不仅涵盖了经济层面，还涉及社会和环境方面，旨在实现综合效益的最大化。在经济指标方面，明确的发展目标能够为冰雪旅游产业提供明确的发展方向和动力。例如，设定市场份额的提升目标可以鼓励企业拓展市场、提升竞争力；设定旅游收入的增长目标可以推动产业升级、提高盈利能力；设定就业岗位的增加目标可以促进就业、改善民生。这些定量指标不仅有助于衡量产业的发展水平和竞争力，还能够激发相关企业和个人的积极性和创造性，推动冰雪旅游产业的经济增长和效益提升。然而，仅仅关注经济指标是不够的。冰雪旅游产业的发展还需要考虑社会和环境因素，以实现经济、社会和环境的协调发展。因此，在设定发展目标时，还需要关注社会和环境指标。例如，提高游客满意度可以提升冰雪旅游产业的形象和声誉，吸引更多游客前来体验；加强社区参与度可以促进冰雪旅游与当地社区的融合发展，实现共赢；保护生态环境可以确保冰雪旅游产业的可持续发展，为后代留下宝贵的自然遗产。对这些定性指标的明确和关注，有助于确保冰雪旅游产业的发展与社会和环境的和谐共生。明确的发展目标还有助于凝聚政府、企业、社区等各方利益相关者的共识。当各方对目标形成共同理解和认同后，更容易形成合力推动冰雪旅游产业愿景的实现。这种共识不仅能够增强规划的可行性和可操作性，还能够使各方在执行过程中更加明确自己的责任和任务。例如，政府可以制定相关政策和法规来支持冰雪旅游产业的发展；企业可以加大投资力度、提升服务质量和管理水平；社区可以积极参与冰雪旅游的开发和推广等。通过各方的共同努力和协作，冰雪旅游产业将实现高效和协调发展，为当地经济社会的繁荣作出积极贡献。

（二）市场定位与品牌建设

在冰雪旅游产业的愿景规划中，市场定位和品牌建设是至关重要的两个方面，直接关系到冰雪旅游能否在激烈的市场竞争中脱颖而出，实现可持续发展。

1. 市场定位：精准把握旅游市场趋势与需求

目标市场的选择：冰雪旅游的目标市场是多元化的，每个市场细分都有其独特的需求和特点。因此，选择最具潜力的目标市场是冰雪旅游成功的关键。例如，家庭游客可能更看重亲子互动和娱乐设施，年轻冒险者则可能更追求刺激和挑战，而高端度假者则可能更注重舒适度和奢华体验。在规划过程中，需要通过市场调研和数据分析，明确哪些市场细分最具潜力，并根据这些市场的特定需求制定相应的产品开发和服务策略。选择目标市场时，还需考虑游客的地理分布、消费能力、旅游偏好等因素。例如，针对北方地区的游客，可以开发更多的冰雪运动和观光产品；针对南方地区的游客，可以推出冰雪体验和休闲度假产品。通过满足不同目标市场的特定需求，可以提高冰雪旅游的吸引力和竞争力。

市场需求的预测：市场需求是不断变化的，因此需要通过市场调研和数据分析来全面预测。例如，随着全球气候的变化和人们生活水平的提高，冰雪旅游的需求可能会逐渐增加；同时，游客对冰雪旅游的体验和品质要求可能会越来越高。基于需求预测，可以调整产品供给、优化服务流程，确保旅游体验与市场需求保持同步。例如，预测未来冰雪旅游市场的发展趋势和需求变化，包括对游客数量、旅游季节、消费模式等方面的预测。如果预测到家庭游客的数量将增加，可以提前规划和建设更多的亲子互动设施和娱乐项目；如果预测到游客对冰雪运动的需求将增加，可以加强冰雪运动设施的建设和维护。

市场竞争的评估：冰雪旅游市场竞争激烈，因此需要对同类型冰雪旅游目的地的竞争优劣势进行分析和评估，包括了解竞争对手的产品特点、市场策略和客户群体等方面的信息。例如，可以通过对比分析不同冰雪旅游目的地的产品供给、价格策略、营销推广等方面的信息，了解各自的优势和劣势。根据竞争评估结果，可以制定差异化的市场策略来突出自身特色并避免直接竞争。例如，如果自身的冰雪旅游产品在某些方面具有独特优势（如地理位置优越、自然风光优美等），可以重点强调这些优势并制定相应的营销推广策略；如果自身的产品与竞争对手存在重叠或相似之处，可以通过提供附加服务或增加产品附加值等方式来提升竞争力。

市场定位是冰雪旅游发展的重要环节之一。通过精准把握旅游市场趋势与需求、明确目标市场选择、预测市场需求变化以及评估市场竞争态势等步骤的实施和落实，可以为冰雪旅游的成功发展奠定坚实基础并推动其不断向前发展。

2. 品牌建设：塑造独特且有影响力的冰雪旅游品牌

在冰雪旅游的发展中，品牌建设是至关重要的一环。一个独特且有影响力的冰雪旅游品牌不仅可以提升目的地的知名度，还可以增强游客的忠诚度和满意度，从而推动冰雪旅游产业的持续发展。

品牌形象的塑造：品牌形象是冰雪旅游品牌的外在表现，直接影响着游客对品牌的感知和认同。因此，需要通过独特的视觉识别系统来塑造品牌形象，包括设计具有冰雪特色的标志、口号和色彩等元素。这些元素应能够体现冰雪旅游的独特魅力和价值，同时与目标市场的审美和价值观相契合，以建立情感连接，提升品牌认同感。例如，可以设计一款以蓝色和白色为主色调的标志，象征着冰雪的纯净和冷冽；同时，配合一句富有感染力和号召力的口号，如"冰雪奇缘，尽在此地"，以激发游客的探险精神和好奇心。通过这样的品牌形象塑造，可以让游客在众多的旅游品牌中一眼识别出自己的冰雪旅游品牌，并产生强烈的兴趣和好感。

品牌价值的提升：品牌价值是冰雪旅游品牌的核心竞争力所在，决定了品牌在市场中的地位和影响力。因此，需要明确品牌的核心价值主张，并围绕这一主张不断提升品牌价值。这些核心价值主张包括卓越的服务质量、独特的冰雪体验、深厚的文化底蕴等。

为了提升品牌价值，需要持续改进产品质量，提供更加优质、个性化的服务，以满足游客的多元化需求；同时，还需要增强游客体验，让游客在冰雪旅游过程中感受到无与伦比的乐趣和满足感；此外，承担社会责任也是提升品牌价值的重要途径，可以通过环保、公益等活动，展示品牌的良好形象和社会责任感。

品牌传播的策略：品牌传播是品牌建设的重要环节，决定了品牌能否在市场中获得广泛的认知和认可。因此，需要制定有效的品牌传播策略，利用多种渠道和媒体平台宣传冰雪旅游品牌。这些渠道和平台包括社交媒体、旅游网站、博客、论坛等。在品牌传播过程中，需要注重与目标市场的互动和沟通，以故事化、情感化的方式传递品牌价值，引发共鸣和口碑传播。例如，可以通过社交媒体发布精美的冰雪旅游照片和视频，吸引游客的关注和分享；同时，还可以邀请旅游博主、网红等意见领袖体验冰雪旅游产品，并发表真实的评价和推荐，以增强品牌的可信度和影响力。

品牌建设是冰雪旅游发展的重要支撑和保障。通过塑造独特的品牌形象、提升品牌价值和制定有效的品牌传播策略，可以打造一个具有影响力和竞争力的冰雪旅游品牌，吸引更多的游客前来体验和享受冰雪的魅力。

（三）可持续性发展原则

1. 生态保护

制定严格的环保标准：冰雪资源作为一种独特的自然资源，其开采和利用必须遵循科学、合理的原则。制定严格的环保标准，可以对冰雪资源的开采量、开采方式、使用期限等进行明确规定，确保冰雪资源在得到充分利用的同时，不会对环境造成不可逆转的破坏。这些标准应涵盖冰雪资源开采的全过程，包括资源勘探、开采规划、开采实施、资源利用等各个环节。在旅游设施建设方面，环保标准应要求采用环保型的建筑材料和节能技术，降低设施建设和运营过程中的能耗和排放。同时，对于游客活动也应制定相应的环保规范，如限制游客数量、规定游客行为等，以减轻游客活动对环境的压力。

推广环保技术：环保技术是冰雪旅游产业实现生态保护的重要手段。通过推广使用节能减排的建筑材料，可以降低冰雪旅游设施在建设过程中的能耗和排放，减少对环境的影响。使用环保型的交通工具，如电动汽车、混合动力汽车等，可以减少交通运输过程中的尾气排放，降低对空气质量的破坏。推广可再生能源，如太阳能、风能等，可以为冰雪旅游设施提供清洁、可持续的能源供应，减少对传统能源的依赖。

这些环保技术的应用不仅可以降低冰雪旅游活动对环境的负面影响，还可以提高冰雪旅游产业的环保形象和竞争力。

加强生态修复工作：冰雪旅游产业的发展不可避免地会对环境造成一定程度的破坏。因此，加强生态修复工作是实现生态保护的重要措施。对于已经受到破坏的生态环境，应采取积极的修复措施，如植被恢复、水土保持等。植被恢复可以通过植树造林、草种播种等方式，增加植被覆盖度，提高生态系统的稳定性和自我修复能力。水土保持可以通过建设排水系统、防止水土流失等方式，保护土壤资源和水资源，维护生态平衡。同时，生态修复工作还需要与冰雪旅游产业的发展相结合，实现生态与经济的双赢。例如，在冰雪旅游景区的规划和建设中，可以充分考虑生态系统的完整性和稳定性，采取生态友好的设计和施工方式，减少对环境的破坏和污染。在冰雪旅游活动的设计和实施中，应注重环保和生态教育的普及，以提高游客的环保意识和生态素养。

生态保护是冰雪旅游产业可持续性发展的基石。通过制定严格的环保标准、推广环保技术和加强生态修复工作等措施的实施和落实，可以实现冰雪资源与生态环境的和谐共生，推动冰雪旅游产业朝着更加绿色、环保和可持续的方向发展。

2. 经济效益与社会效益并重

经济效益与社会效益的平衡：冰雪旅游产业作为一种经济活动，追求经济效益是其发展的基本动力。然而，过度追求经济效益可能会导致环境被破坏、文化同质化等社会问题。因此，冰雪旅游产业的发展必须注重经济效益与社会效益的平衡。在追求经济效益的同时，应关注冰雪旅游产业对社会的贡献，包括提供就业机会、改善基础设施、提高居民收入等方面。通过冰雪旅游产业的发展，可以为当地居民创造更多的就业机会，提高他们的生活水平。同时，改善基础设施不仅可以提升冰雪旅游目的地的吸引力，还可以为当地居民提供更好的生活条件。

文化传承与保护：冰雪旅游活动往往与地域文化紧密相连。在冰雪旅游产业的发展过程中，应注重对当地文化的传承和保护，可以通过开发具有地域特色的冰雪旅游产品、保护和恢复历史文化遗址、推广当地民俗文化等方式实现。文化传承与保护不仅可以提升冰雪旅游目的地的文化魅力，还可以增强游客的文化体验。同时，保护当地文化有助于避免文化同质化现象的发生，保持冰雪旅游目的地的独特性和多样性。

社会就业：社会就业是评价冰雪旅游产业社会效益的重要指标之一。冰雪旅游产业的发展应创造更多的就业机会，降低社会失业率，提高社会稳定性。可以通过扩大冰雪旅游产业链、提高就业质量、加强职业培训等方式实现。扩大冰雪旅游产业链可以创造更多的就业机会，包括直接就业机会（如导游、酒店员工等）和间接就业机会（如旅游商品生产、交通运输等）。提高就业质量可以通过改善工作环境、提高工资待遇、加强劳动保障等方式实现。加强职业培训可以提升从业人员的技能水平和服务质量，提高冰雪旅游产业的竞争力。

经济效益与社会效益并重是冰雪旅游产业可持续发展的关键所在。通过平衡经济效益与社会效益、注重文化传承与保护、创造更多就业机会等方面的努力，可以实现冰雪旅游产业的健康、稳定和可持续发展。同时，需要政府、企业和社会各界的共同努力和支持，形成合力推动冰雪旅游产业朝着更加美好的方向发展。

（四）灵活性与适应性

1. 灵活性

灵活性在冰雪旅游规划中的重要性不言而喻，是确保目的地能够迅速且有效地适应不断变化的环境和条件的关键因素。首先，灵活性体现在对未来不确定性的应对上。由于经济波动、自然灾害、社会变革等不可预测因素的存在，冰雪旅游目的地必须具备足够的灵活性来应对这些挑战。在规划初期，要求充分考虑各种可能的情况，并制定相应的应对策略。应对策略应该是多元化的，既包括短期的应急措施，也包括长期的发展规划，以确保在任何情况下都能保持冰雪旅游目的地的稳定和发展。其次，制订多个备选方案是确保灵活性的重要手段。在冰雪旅游规划中，不应只设定一个固定的方案，而应制订多个备选方案，以应对可能出现的各种情况。这些备选方案应该是基于对不同环境、条件和市场的深入分析而制订的，它们之间应具有互补性和可替代性。这样，当突发事件发生时，目的地可以迅速从多个方案中选出最适合当前情况的方案进行实施，从而最大限度地降低风险。此外，预留政策调整空间也是灵活性的重要体现。政策是冰雪旅游规划的重要组成部分，它对于目的地的发展起着重要的引导和保障作用。然而，过于僵化的政策可能会限制目的地的灵活性，使其难以适应市场的变化。因此，在制定政策时，应留有一定的余地，以便在必要时进行调整。例如，当市场需求发生变化时，冰雪旅游目的地可以通过调整价格策略、推出新的旅游产品等方式来适应市场。这种灵活性不仅可以提高目的地的市场竞争力，还可以增强其抵御风险的能力。

灵活性是冰雪旅游规划中的重要原则之一。通过制订多个备选方案、预留政策调整空间等手段，可以确保冰雪旅游目的地能够迅速且有效地适应不断变化的环境和条件，从而实现可持续发展。

2. 适应性

适应性是冰雪旅游规划中至关重要的一个方面，它要求目的地能够持续适应外部环境的变化，以确保其长期竞争力和可持续发展。首先，市场需求的变化是冰雪旅游目的地必须适应的外部环境因素之一。游客的偏好和旅游需求是不断变化的，这受到多种因素的影响，如时尚潮流、文化背景、经济状况等。因此，冰雪旅游目的地需要密切关注市场动态，通过市场调研、游客反馈等方式了解游客需求的变化，并及时调整其产品和服务以满足这些需求。例如，如果游客对冰雪运动的安全性和便利性提出更高要求，目的地可以加强安全设施建设，提供更多的教练和安全保障服务；如果游客对冰雪景观的美观度和独特性有更高要求，目的地可以加强景观设计和维护，打造更具吸引力的冰雪景观。其次，技术进步为冰雪旅游产业的发展带来了新的机遇和挑战。随着科技的不断进步，新的技术和工具不断涌现，为冰雪旅游提供了更多的可能性和创新空间。例如，虚拟现实技术可以用于创建全新的冰雪旅游体验，让游客在虚拟环境中感受冰雪运动的乐趣；大数据分析则可以帮助目的地更准确地了解游客需求和市场趋势，为产品开发和营销提供有力支持。冰雪旅游目的地需要积极关注新技术的发展和应用，将其纳入规划中，以在提升游客体验、提高运营效率、降低成本等方面增强竞争力。此外，政策法规的调整也可能对冰雪旅游产业产生影响。政府可能会出台新的政策或法规来规范或促进冰雪旅游的发展，如环保政策、旅游安全法规、税收优惠等。冰雪旅游目的地需要密切关注相关政策法规的变化，确保其规划和运营活动符合最新的法规要求，以避免不必要的法律风险和经济损失。同时，目的地可以积极利用政策优惠和扶持措施，推动冰雪旅游产业的快速发展。为了确保适应性，冰雪旅游目的地应建立完善的评估和调整机制，包括对现有规划的实施效果进行定期评估，收集和分析游客反馈，监测市场趋势和技术发展等。通过及时的评估和调整，冰雪旅游目的地可以发现存在的问题和不足，及时调整规划和运营策略，确保其始终沿着正确的轨道前进。同时，这种机制可以帮助目的地抓住市场机遇，快速响应外部环境的变化，为游客提供高质量的旅游体验。

适应性是冰雪旅游规划中的重要原则之一。通过适应市场需求的变化、关注技术进步的影响以及应对政策法规的调整等手段，冰雪旅游目的地可以确保其长期竞争力和可持续发展。

二、资源布局与均衡推进

冰雪旅游的资源布局是确保产业健康、有序发展的关键。针对冰雪资源的分布特点，需要制定科学合理的布局规划，并注重区域间的均衡发展。

（一）资源富集地区的重点开发

1. 优势挖掘

优势挖掘在冰雪旅游开发中占据着举足轻重的地位，它直接关系到目的地的吸引力、市场竞争力和可持续发展。首先，冰雪资源富集地区往往拥有独特的自然条件，这些条件是开展冰雪旅游活动的基础。对当地冰雪资源的全面评估是优势挖掘的第一步。评估工作应涵盖资源的类型、分布、特点以及可利用性等方面。例如，高山地区可能适合开展高山滑雪、雪地徒步等活动，而湖泊资源则可以为冰钓、冰上帆船等水上冰雪活动提供条件。通过全面评估，可以明确当地冰雪资源的优势和潜力，为后续的开发工作奠定基础。其次，市场需求和游客偏好是冰雪旅游开发的重要导向。在明确冰雪资源优势的基础上，需要结合市场需求和游客偏好来确定冰雪旅游的开发方向和重点。这要求对目标市场进行深入调研，了解游客的需求、偏好和消费能力等信息。例如，针对家庭游客市场，可以开发适合全家参与的冰雪娱乐项目；针对高端旅游市场，可以提供高品质的冰雪度假体验。通过精准对接市场需求和游客偏好，可以提高冰雪旅游产品的吸引力和市场竞争力。此外，与当地文化的结合是冰雪旅游开发中的重要环节。冰雪旅游不仅是一种体育活动，更是一种文化体验。在冰雪旅游的开发过程中，应深入挖掘当地的文化元素，如民俗风情、历史传统等，并将其融入旅游产品和服务中。例如，在冰雪节庆活动中加入当地民俗表演、在冰雪景观设计中融入当地历史符号等。通过与当地文化的紧密结合，可以为游客提供更加丰富和深入的旅游体验，增强冰雪旅游的文化内涵和吸引力。最后，值得一提的是，优势挖掘不仅限于自然资源和文化元素的挖掘，还应包括当地社区和居民的参与。当地居民是冰雪旅游目的地的重要组成部分，他们的生活方式、习俗和传统都可以成为冰雪旅游的独特卖点。通过鼓励当地居民参与冰雪旅游的开发和经营活动，可以进一步提高目的地的吸引力和真实性，实现冰雪旅游的可持续发展。

优势挖掘是冰雪旅游开发中的关键环节。通过对当地冰雪资源的全面评估、结合市场需求和游客偏好确定开发方向、深入挖掘当地文化元素以及鼓励当地居民的参与等措施，可以充分发挥冰雪资源的潜力，打造具有独特魅力和市场竞争力的冰雪旅游目的地。

2. 高品质打造

高品质打造是冰雪旅游开发中的核心战略，它直接关系到目的地的吸引力、游客满意度和市场竞争力。首先，提升服务质量是打造高品质冰雪旅游的关键环节。优质的服务不仅能够满足游客的基本需求，还能够为他们带来愉悦和惊喜。为了实现服务质量的提升，冰雪旅游目的地需要采取一系列措施。例如，加强员工培训，提高员工的服务意识和专业技能；完善服务流程，确保服务的连贯性和高效性；制定并执行严格的服务标准，确保游客在各个环节都能享受到一致的高品质服务。此外，还可以通过收集游客反馈和建议，及时发现并解决服务中存在的问题，不断优化和提升服务水平。其次，完善基础设施是打造高品质冰雪旅游的重要支撑。基础设施的完善程度直接影响到游客的旅游体验和满意度。在冰雪旅游的开发过程中，应注重对基础设施的建设和升级。例如，提升交通设施的便捷性和舒适性，确保游客能够安全、快速地到达目的地；加强住宿设施的建设和管理，提供多样化、高品质的住宿选择；完善餐饮和娱乐设施，满足游客的多元化需求。此外，还应关注环保和安全问题，确保基础设施的建设和运营符合环保要求和安全标准。最后，加强品牌建设是打造高品质冰雪旅游的重要手段。品牌是目的地的重要资产，能够提升目的地的知名度和美誉度，进而吸引更多的游客。在品牌建设过程中，应注重品牌形象的塑造和传播。例如，通过独特的标识、口号和视觉形象等元素，塑造具有辨识度和吸引力的品牌形象；通过广告宣传、公关活动、社交媒体等多种渠道，传播品牌文化和价值。此外，还应注重品牌价值的提升，通过提供优质的产品和服务、加强客户关系管理、承担社会责任等方式，不断提升品牌的价值和影响力。

高品质打造是冰雪旅游开发中的核心任务。通过提升服务质量、完善基础设施和加强品牌建设等措施，可以打造出一批高品质的冰雪旅游目的地和产品线，吸引更多的游客前来体验并享受高品质的冰雪旅游服务。

（二）资源稀缺地区的补充发展

1. 人工造雪与室内滑雪场

人工造雪与室内滑雪场在冰雪旅游的发展中起到了至关重要的作用，特别是在那些自然降雪条件不足或无法保障的地区。人工造雪技术利用现代科技手段，模拟自然降雪的过程，为冰雪旅游场所如滑雪场提供稳定的雪质保障。这种技术的出现，使那些原本因气候或地理条件限制而无法开展冰雪旅游活动的地区，也能够享受到冰雪旅游的乐趣。在实施人工造雪时，需要考虑多种因素。首先是气候条件，包括温度、湿度等，这些因素直接影响造雪的效果和效率。其次是地形条件，不同的地形对造雪设备的布置和造雪效果都有影响。此外，水源也是关键因素之一，因为造雪过程需要大量的水。为了确保造雪的效率和质量，需要对这些因素进行综合考虑，制订科学合理的造雪方案。室内滑雪场是一种在任何天气条件下都能为游客提供滑雪体验的设施。它打破了传统滑雪对自然条件的依赖，使冰雪旅游的时间和空间范围得到了极大的拓展。在建设室内滑雪场时，需要考虑多个方面。首先是建筑设计，包括建筑的外观、内部布局、结构安全等。其次是雪质维护，因为室内滑雪场的雪质直接关系到游客的体验质量，因此需要采用先进的雪质维护技术和设备。此外，通风系统和温控系统也是关键，其能够为游客营造舒适、安全的滑雪环境。

人工造雪和室内滑雪场是资源稀缺地区发展冰雪旅游的重要补充手段。通过现代科技手段，打破了自然条件的限制，为更多人带来了冰雪旅游的乐趣。同时，技术手段的实施也需要综合考虑多种因素，以确保其效率和质量。

2. 技术创新与成本控制

在资源稀缺地区发展冰雪旅游时，技术创新和成本控制的重要性不言而喻。

造雪技术：在资源稀缺地区，自然降雪可能无法满足冰雪旅游场所的需求，因此，不断研发和改进造雪技术成为关键。通过技术创新，可以提高造雪机的效率、造雪质量以及对不同气候条件的适应性。这不仅能减少对自然降雪的依赖，还能确保冰雪旅游场所在不同季节和天气条件下的稳定运营。

节能技术：冰雪旅游场所通常需要大量的能源来维持低温环境和雪质。

节能技术的应用可以显著降低能源消耗，减少运营成本。例如，采用高效的保温材料、优化制冷系统、使用可再生能源等技术手段，都能在提高能源利用效率的同时，降低对环境的影响。

环保技术：冰雪旅游的发展应与环境保护相协调。环保技术的应用可以减少冰雪旅游场所对环境的负面影响。例如，通过污水处理和回收技术减少水资源的浪费；利用生态恢复技术保护周边自然环境；采用低碳交通工具减少碳排放等。

规划阶段：在冰雪旅游项目的规划阶段，需要充分考虑成本控制，包括进行科学的市场分析和预测，确定目标市场和游客需求，以避免投资过剩或不足。同时，还需要制定合理的经营策略，明确盈利模式和成本控制目标。

建设阶段：在建设过程中，成本控制同样重要。通过优化设计方案、选用性价比高的建筑材料和设备、采用先进的施工技术和管理手段，可以在确保工程质量的前提下，有效降低建设成本。

运营阶段：运营阶段的成本控制直接关系到冰雪旅游场所的盈利能力和长期发展。通过提高管理效率、优化服务流程、降低能耗和物耗、合理安排人力资源等方式，控制运营成本，提高经济效益。同时，还需要关注市场动态和游客需求变化，及时调整经营策略，以保持竞争优势。

（三）区域间的均衡发展

1. 政策引导与资源共享

政府在冰雪旅游产业的区域均衡发展中发挥着重要作用。通过制定和执行相关政策，政府可以有效地引导冰雪旅游资源的均衡分布和共享，促进不同区域之间的协同发展。首先，政府可以制定优惠政策，鼓励资源富集地区与资源稀缺地区进行合作。例如，可以通过税收减免、资金扶持等方式，推动资源富集地区向资源稀缺地区提供技术支持、人才培训等，实现资源共享和优势互补。其次，政府还可以建立跨区域的冰雪旅游合作机制，推动不同区域之间的旅游资源和产品相互补充、相互融合。通过打破区域壁垒，加强区域合作，形成更大规模的冰雪旅游市场，提高整个产业的竞争力。

2. 避免过度集中与竞争失衡

在冰雪旅游产业的发展过程中，资源的过度集中可能导致竞争失衡和市场饱和，进而影响产业的均衡发展。因此，需要采取有效措施避免这种情况的发生。一方面，要通过科学合理的布局规划，确保冰雪旅游资源在不同区域之间的均衡分布。需要对各个区域的资源条件、市场需求、发展潜力等进行全面评估，并在此基础上制定合理的发展规划和布局策略。另一方面，要加强市场监管，防止无序竞争和恶性竞争的发生。政府应建立健全市场监管机制，规范冰雪旅游市场的经营行为，维护公平竞争的市场环境。同时，还应加强对冰雪旅游企业的扶持和引导，鼓励其通过创新、提质等方式提高竞争力，而不是简单地通过价格战等手段争夺市场份额。

实现区域间冰雪旅游的均衡发展需要政府、企业和社会各界的共同努力。通过政策引导、资源共享、科学布局和市场监管等措施的实施，可以推动冰雪旅游产业在不同区域之间的均衡发展，实现产业的长期稳健增长。

三、地方特色与目的地打造

（一）挖掘和利用地方冰雪资源

1. 自然资源评估

自然资源评估是挖掘和利用地方冰雪资源的前提和基础。只有对地方的冰雪资源进行全面、科学的评估，才能准确掌握资源的数量、质量和分布情况，为后续的冰雪旅游开发提供可靠依据。

在自然资源评估中需要重点考虑以下几个方面。

雪质：雪质是影响冰雪旅游体验的关键因素之一。不同地区的雪质可能存在较大差异，有的地区的雪质可能更加松软，适合滑雪等运动，而有的地区的雪质则可能更加坚硬，适合开展雪地探险等活动。因此，在评估冰雪资源时，需要对雪质进行详细测试和分析，确定其适合开展的冰雪旅游项目。

雪量：雪量是衡量冰雪资源丰富程度的重要指标之一。一般来说，雪量越大的地区，越有可能打造出高品质的冰雪旅游目的地。在评估雪量时，需要考虑历史降雪记录、气候变化趋势等因素，以确定地区冰雪资源的稳定性和可持续性。

雪期：雪期是指地区降雪持续的时间长度。雪期越长，冰雪旅游活动可开展的时间就越长，有利于吸引更多的游客。在评估雪期时，需要考虑地区的地理位置、气候条件等因素，以确定冰雪旅游的最佳开展时段。

地形地貌：地形地貌是影响冰雪旅游活动开展的重要因素之一。不同的地形地貌条件，可以打造出不同类型的冰雪旅游目的地。例如，高山地区可以开展高山滑雪、雪地徒步等活动，而平原地区则可以开展冰雕、冰灯等观赏性冰雪活动。在评估地形地貌时，需要考虑地区的地势、坡度、植被覆盖等因素，以确定适合开展的冰雪旅游项目。

2.特色定位

特色定位是挖掘和利用地方冰雪资源的关键环节。只有根据地区的冰雪资源特点和优势，结合市场需求和游客偏好，进行准确的特色定位，才能打造出具有吸引力和竞争力的冰雪旅游目的地。

在特色定位过程中需要考虑以下几个方面。

市场需求：市场需求是冰雪旅游发展的根本动力。在特色定位时，需要深入了解目标市场的需求和偏好，包括游客的年龄、性别、收入水平、旅游目的等，以确定适合开发的冰雪旅游产品和服务。

历史文化：历史文化是冰雪旅游目的地的重要内涵和灵魂。在特色定位时，需要充分挖掘地区的历史文化底蕴和特色元素，将其融入冰雪旅游产品和服务中，提升目的地的文化品位和吸引力。

民俗风情：民俗风情是冰雪旅游目的地的重要补充和亮点。在特色定位时，需要深入挖掘地区的民俗风情和特色活动，将其与冰雪旅游相结合，打造出独具特色的冰雪旅游体验。

挖掘和利用地方冰雪资源需要从自然资源评估和特色定位两个方面入手。通过全面评估地区的冰雪资源条件和深入挖掘地区的特色元素和文化底蕴，可以打造出具有吸引力和竞争力的冰雪旅游目的地，推动冰雪旅游产业的持续发展。

（二）推广冰雪民俗文化

冰雪民俗文化作为地域文化的重要组成部分，具有独特的魅力和价值。推广冰雪民俗文化不仅可以丰富冰雪旅游的文化内涵，提升游客的旅游体验，还有助于传承和弘扬地方优秀传统文化。

1. 文化传承

收集和整理冰雪民俗文化资料：这一步骤是冰雪民俗文化传承的基础。通过走访当地的民间艺人、老一辈的居民，可以收集到关于冰雪民俗文化的第一手资料。这些资料可能包括传统的冰雕、雪雕技艺的口述历史、制作方法和技巧，以及与之相关的民俗传说和故事。此外，查阅历史文献和档案是了解冰雪民俗文化历史沿革和变迁的重要途径。这些资料的整理和记录，不仅可以帮助冰雪旅游目的地更好地理解和认识冰雪民俗文化，还可以为后续的展示和传承工作提供有力的支撑。

建立冰雪民俗文化展示平台：冰雪旅游目的地是展示冰雪民俗文化的最佳场所。通过建立冰雪民俗文化博物馆、展示中心等专门的场所，可以利用多种手段如图片、文字、实物、多媒体以及虚拟现实技术等，为游客呈现一个立体、生动的冰雪民俗文化世界。这样的展示平台不仅可以增强游客对冰雪民俗文化的认识和了解，还可以提升冰雪旅游目的地的文化品位和吸引力。

举办冰雪民俗文化节庆活动：节庆活动是传承和推广冰雪民俗文化的重要载体。通过定期举办冰雪节、冰雕比赛、雪雕比赛等节庆活动，可以吸引更多的游客前来参与和体验。这些活动不仅可以展示冰雪民俗文化的独特魅力，还可以促进文化交流与传播，增强冰雪民俗文化的社会影响力和国际知名度。同时，节庆活动还可以为当地带来经济效益，推动冰雪旅游产业的持续发展。

2. 民俗体验：深入感受冰雪文化的魅力

民俗体验为游客提供了一种沉浸式的文化探索方式，使他们能够超越表面的观光，深入到冰雪民俗文化的核心。通过设计一系列富有创意和吸引力的民俗体验活动，可以让游客更加直观地感受冰雪文化的魅力，从而加深对这一独特文化现象的了解和认识。

组织冰雪民俗表演：冰雪民俗表演是展现冰雪文化魅力的有效方式。在冰雪旅游目的地，可以定期组织各种冰雪民俗表演活动，如冰雕技艺展示、雪雕技艺展示、冰雪民俗歌舞表演等。这些表演活动不仅可以为游客提供观赏的机会，还可以让他们领略到冰雪民俗文化的精湛技艺和深刻内涵。例如，冰雕和雪雕技艺展示可以让游客目睹艺术家们如何在寒冷的冰雪中创作出栩栩如生的作品，而冰雪民俗歌舞表演则可以通过音乐和舞蹈的形式，向游客传递冰雪文化的欢乐和激情。

开设冰雪民俗体验课程：为了让游客更加深入地体验冰雪民俗文化，可以在冰雪旅游目的地开设各种冰雪民俗体验课程。这些课程包括冰雕 DIY 课程、雪雕 DIY 课程等，让游客在专业指导下亲手制作冰雕、雪雕作品。通过亲手实践，游客可以更加直观地感受冰雪民俗文化的独特魅力，同时也可以提高自己的手工艺技能和审美能力。这种寓教于乐的方式不仅可以增强游客对冰雪文化的兴趣，还可以促进文化的传承和发展。

（三）开发冰雪主题旅游产品

冰雪主题旅游产品是冰雪旅游市场的核心竞争力所在。开发具有创意、吸引力和多样性的冰雪主题旅游产品，不仅可以满足游客的多元化需求，提升游客体验，还能有效推动冰雪旅游产业的持续发展。

1. 产品创新：激发冰雪旅游新活力

在冰雪旅游领域，产品创新是推动目的地持续发展和吸引游客的关键因素。为了满足日益多样化的市场需求和游客偏好，冰雪旅游目的地必须不断推陈出新，提供新颖、独特的冰雪主题旅游产品。

研发新型冰雪旅游项目：随着科技的进步和游客体验需求的升级，传统冰雪旅游项目已经难以完全满足市场需求。因此，研发新型冰雪旅游项目成为当务之急。通过引入新技术、新设备和新玩法，打造具有创新性和趣味性的冰雪旅游体验。例如，利用虚拟现实（VR）技术，游客可以戴上特制头盔和手套，进入一个虚拟的冰雪世界，在其中进行滑雪、滑冰等运动，享受沉浸式的冰雪体验。这种技术不仅打破了季节和地域的限制，还能为游客带来更加刺激和新鲜的感受。此外，推出新型冰雪运动项目也是吸引游客的有效途径。比如，近年来兴起的雪地瑜伽、雪地高尔夫等运动，将传统运动与冰雪元素相结合，为游客提供了全新的运动体验。

打造冰雪主题乐园：冰雪主题乐园是冰雪旅游创新的重要形式之一。这类乐园以冰雪为主题，集游乐、观赏、体验于一体，为游客提供全方位的冰雪娱乐体验。在乐园内，游客可以参观各种冰雪景观，如冰雕、雪雕展示区，欣赏到精湛的冰雪艺术；还可以体验各种冰雪游乐设施，如冰滑梯、雪地摩托等，感受冰雪带来的乐趣。此外，冰雪文化体验区也是乐园的重要组成部分，游客可以在这里参与冰雪民俗活动、品尝冰雪美食等，深入了解冰雪文化的魅力。

推出冰雪文化研学游产品：研学旅游是一种结合学习和旅游的新型旅游方式。将冰雪文化与研学旅游相结合，推出独具特色的冰雪文化研学游产品。这类产品以冰雪文化为主题，通过组织游客参观冰雪文化博物馆、体验冰雪民俗活动、学习冰雪运动技能等方式，让游客在旅游过程中深入了解冰雪文化的内涵和价值。例如，游客可以参观冰雪运动训练基地，了解冰雪运动的发展历程和训练技巧；还可以参与冰雪民俗节庆活动，亲身体验当地人民的传统生活方式和文化习俗。这种寓教于乐的旅游方式不仅可以丰富游客的旅行体验，还能促进冰雪文化的传承和发展。

2. 多元化发展

随着旅游市场的日益成熟和游客需求的多样化，冰雪旅游的多元化发展已成为不可或缺的战略选择。为了满足不同游客群体的多元化需求，冰雪旅游目的地需要在产品开发、季节拓展和文化融合等方面下功夫。

针对不同客群推出定制化产品：冰雪旅游市场涵盖了不同的年龄层、收入水平和消费习惯的游客群体。因此，针对不同客群推出定制化的冰雪旅游产品是满足市场多元化需求的关键。例如：针对家庭游客，可以推出亲子滑雪套餐，包括儿童滑雪教学、家庭滑雪比赛、雪地亲子游戏等活动，营造温馨的家庭旅游氛围。对于追求奢华体验的高端游客，可以推出豪华冰雪度假产品，如私人飞机接送、五星级冰雪度假酒店住宿、高端滑雪装备租赁、私人教练一对一教学等，提供全方位的尊贵服务。针对年轻人群体，可以推出时尚刺激的冰雪运动体验产品，如雪地摩托、雪地冲浪、冰雪攀岩等，满足他们追求刺激和新鲜感的需求。

开发跨季节冰雪旅游产品：传统冰雪旅游受季节限制较大，主要集中在冬季。为了延长冰雪旅游产品的生命周期和市场竞争力，开发跨季节的冰雪旅游产品至关重要。

室内滑雪场：在夏季或其他非雪季，可以推出室内滑雪场，利用人工制冷技术模拟真实滑雪环境，让游客在任何季节都能享受滑雪的乐趣。冰雪主题公园：结合冰雪元素和主题公园的设计理念，打造集游乐、观赏、体验于一体的冰雪主题公园。公园内可设置冰雪景观、冰雪游乐设施、冰雪文化体验区等，为游客提供全方位的冰雪娱乐体验。

融合多元文化元素：冰雪旅游不仅是体验冰雪运动的乐趣，更是感受不同地域文化和历史风情的绝佳机会。在冰雪旅游产品中融入当地的历史文化、民俗风情、特色美食等多元文化元素，可以打造具有地域特色和文化底蕴的冰雪旅游产品。历史文化体验：结合当地的历史文化遗产，推出冰雪文化之旅，让游客在滑雪的同时参观历史古迹、了解当地的历史传说和故事。民俗风情体验：组织游客参与当地的冰雪民俗节庆活动，如冰雕比赛、雪雕比赛、冰雪狂欢节等，让游客深入体验当地的民俗风情和文化特色。特色美食体验：将当地的特色美食与冰雪旅游相结合，推出冰雪美食之旅，让游客在品尝美食的同时感受冰雪旅游的独特魅力。

通过多元化发展策略的实施，冰雪旅游目的地可以更好地满足市场的多元化需求，提升产品的吸引力和竞争力，同时促进地方文化的传承和发展。

（四）品牌建设与形象塑造

在冰雪旅游市场中，品牌建设与形象塑造对于目的地的长期发展和竞争力至关重要。一个清晰、独特且吸引人的品牌形象可以有效地吸引游客，提升目的地的知名度和美誉度。

1. 品牌意识

在竞争激烈的旅游市场中，冰雪旅游目的地想要脱颖而出，必须树立强烈的品牌意识。品牌意识不仅仅是关于标志、口号或广告，还涉及目的地管理者和从业人员对品牌价值的深入理解，以及他们如何通过品牌为游客创造独特的体验和价值。

设计统一的品牌标识和视觉识别系统：品牌标识和视觉识别系统是冰雪旅游目的地与游客建立情感连接的重要工具，包括目的地的名称、标志、字体、色彩等视觉元素。这些元素需要精心设计，以确保其在任何游客接触点（如宣传册、网站、社交媒体、路牌等）上都能保持一致性和识别性。通过统一的视觉语言，目的地可以在游客心中留下深刻印象，增强品牌的认知度和记忆度。

传播品牌故事和文化内涵：冰雪旅游目的地的品牌不仅是一个名字或标

志，更是一个充满故事和文化内涵的世界。为了吸引游客并培养他们的忠诚度，目的地需要深入挖掘自己的历史文化、民俗风情等特色元素，构建独特的品牌故事。这些故事可以通过各种渠道（如导游讲解、文化活动、社交媒体等）进行传播，让游客在体验冰雪旅游的同时，也能感受到目的地的魅力和文化底蕴。

树立强烈的品牌意识是冰雪旅游目的地品牌建设的基石。通过制定品牌战略规划、设计统一的品牌标识和视觉识别系统以及传播品牌故事和文化内涵等措施，目的地可以打造一个独特的、有吸引力的品牌形象，从而在竞争激烈的旅游市场中脱颖而出。

2. 宣传推广

宣传推广对于冰雪旅游品牌的建设和形象塑造起着至关重要的作用。通过精心策划和执行宣传推广策略，冰雪旅游目的地可以有效地传递其品牌形象、特色优势及核心价值，进而吸引目标市场的关注和参与。

制订多元化的宣传推广计划：一个成功的冰雪旅游宣传推广计划应是多元化的，能够覆盖不同的受众群体，并通过多种方式与他们互动。广告投放可以迅速提升目的地的知名度，但要确保选择合适的媒体平台和时段，以最大化广告效果。公关活动则有助于与关键利益相关者（如旅行社、媒体、意见领袖等）建立良好关系，并通过他们的影响力扩大目的地的曝光度。内容营销包括博客文章、视频、图片等，可以提供有关目的地的实用信息和引人入胜的故事，从而激发游客的兴趣和好奇心。社交媒体推广则是与游客直接互动、建立品牌社区和增强游客忠诚度的有效途径。

利用线上线下多种渠道进行推广：线上和线下渠道的整合推广能够确保冰雪旅游目的地在不同触点上与游客保持一致的品牌形象和信息传递。在线上，除了自有网站外，目的地还应积极利用社交媒体平台（如微博、微信、抖音等）发布有趣的、有吸引力的内容，并与游客进行实时互动。同时，与OTA平台合作推出优惠活动或特色产品，也是吸引游客关注和预订的有效方式。在线下，参加旅游展会、举办路演活动、与合作伙伴共同推广等，都有助于扩大目的地的知名度和影响力，吸引更多潜在游客。

打造精品旅游线路和产品：无论宣传推广策略多么出色，如果冰雪旅游目的地不能提供高质量、有吸引力的旅游线路和产品，那么游客的满意度和口碑传播效果都会受到影响。因此，目的地需要根据市场需求和游客偏好，不断优化和更新其旅游线路和产品，包括开发新的冰雪旅游项目、提升现有设施的服务质量、推出特色餐饮和住宿产品等。通过打造精品旅游线路和产品，目的地不仅可以提升游客的满意度和忠诚度，还能在竞争激烈的旅游市场中脱颖而出。

宣传推广是冰雪旅游品牌建设和形象塑造的重要手段。通过制订多元化的宣传推广计划、利用线上线下多种渠道进行推广以及打造精品旅游线路和产品等措施，冰雪旅游目的地可以有效地吸引目标市场的关注和参与，进而实现品牌的长期发展和成功。

3. 国际合作与交流

冰雪旅游作为一种全球性的休闲和体育活动，正逐渐受到越来越多国家和地区的关注。在这样的背景下，国际合作与交流成为提升冰雪旅游目的地国际影响力和竞争力的重要途径。

参与国际冰雪旅游组织和活动：为了在全球舞台上展示自己，冰雪旅游目的地应积极加入国际冰雪旅游组织，如国际滑雪联合会、世界冰雪旅游组织等。这些组织不仅为成员提供了展示和交流的平台，还定期举办各种冰雪旅游节、论坛和研讨会。通过参与这些活动，目的地可以展示自己的形象和特色优势，与全球同行建立联系，了解国际冰雪旅游的最新动态和趋势。

与国际知名冰雪旅游目的地建立合作关系：国际合作不仅是参与国际活动，更重要的是与国际知名冰雪旅游目的地建立实质性的合作关系。可以通过签署合作协议、互访交流、共同举办活动等方式实现。例如，两个或多个目的地可以共同策划和推广跨国的冰雪旅游线路，互相为对方的游客提供优惠和便利。这样的合作不仅可以实现资源共享和互利共赢，还能增强各自品牌的国际影响力。

引进国际先进的冰雪旅游技术和经验：冰雪旅游的发展离不开先进的技术和经验的支持。与国际知名冰雪旅游目的地的合作，为冰雪旅游目的地提供了学习和借鉴的机会。目的地可以引进国际先进的冰雪旅游设施、管理理念和运营模式，如智能化的雪场管理系统、环保的造雪技术等。这些引进不仅可以提升目的地的硬件设施和服务水平，还能提高游客的满意度和忠诚度，进一步巩固和提升目的地的国际竞争力。

品牌建设与形象塑造需要从树立品牌意识、加强宣传推广和开展国际合作与交流三个方面入手。通过制定品牌战略规划、设计统一的品牌标识和视觉识别系统、传播品牌故事和文化内涵等措施树立品牌意识；通过制订多元化的宣传推广计划、利用线上线下多种渠道进行推广、打造精品旅游线路和产品等方式加强宣传推广；通过参与国际冰雪旅游组织和活动、与国际知名冰雪旅游目的地建立合作关系、引进国际先进的冰雪旅游技术和经验等措施开展国际合作与交流。这些举措将有助于提升冰雪旅游目的地的知名度和美誉度，增强其在市场中的竞争力和吸引力。

第二节　产业融合与创新驱动

一、产业融合与链条构建

（一）推动冰雪旅游与相关产业的深度融合

冰雪旅游作为一种独特的旅游形式，具有广阔的发展前景和巨大的市场潜力。为了充分发挥冰雪旅游的优势，推动其持续健康发展，需要与相关产业进行深度融合，形成互补优势，共同拓展市场。

1. 冰雪旅游与体育产业融合

冰雪旅游与体育产业的融合是近年来旅游和体育领域中的一大趋势。这种融合不仅为游客提供了更加丰富、多样的旅游体验，还推动了冰雪运动项目的普及和发展，为相关产业带来了新的发展机遇。

开发冰雪运动项目，丰富游客体验：冰雪旅游与体育产业的融合体现在冰雪运动项目的开发上。结合市场需求和游客偏好，目的地可以推出滑雪、滑冰、雪地足球、雪橇等多种冰雪运动项目。这些运动项目不仅能够满足游客对于新鲜、刺激体验的追求，还能让游客在参与过程中锻炼身体、提高技能，实现旅游与运动的完美结合。

建设冰雪运动设施，提升服务品质：冰雪运动设施的建设是冰雪旅游与体育产业融合的又一重要体现。为了给游客提供更加专业、舒适的冰雪运动体验，目的地需要投资建设滑雪场、滑冰场、雪地足球场等设施。这些设施的建设不仅要注重功能性，还要兼顾美观和环保，确保游客在享受冰雪运动的同时，也能感受到舒适和愉悦。

推广冰雪运动文化，提高社会认知：冰雪旅游与体育产业的融合还需要通过推广冰雪运动文化来加深游客对冰雪运动的认知和兴趣。可以通过举办冰雪运动赛事、冰雪运动节等活动来实现。这些活动不仅能够吸引游客的关注和参与，还能提高冰雪运动的社会影响力，推动冰雪运动的普及和发展。

带动相关产业发展，形成良性互动：冰雪旅游与体育产业的融合不仅能够直接推动冰雪旅游和体育产业的发展，还能带动相关产业的繁荣。例如，体育器材制造业可以为冰雪运动提供高质量的器材装备，满足游客对于专业装备的需求；体育培训业则可以为游客提供冰雪运动技能培训，提高游客的运动技能水平。这些相关产业的发展与冰雪旅游和体育产业形成了良性互动，共同推动了区域经济的繁荣。

冰雪旅游与体育产业的融合为游客提供了更加丰富的旅游体验，推动了冰雪运动项目的普及和发展，并带动了相关产业的繁荣。这种融合是旅游和体育领域中的一大创新，为未来的旅游和体育产业发展指明了方向。

2. 冰雪旅游与文化产业融合

冰雪旅游与文化产业的融合为传统的冰雪旅游注入了新的文化活力，既使游客在欣赏冰雪美景的同时，也能深刻地感受到背后的文化内涵。以下是这一融合在多个方面的具体展现。

挖掘冰雪文化资源，为冰雪旅游注入文化灵魂：每个地方都有其独特的冰雪文化和民俗传统。通过深入挖掘这些文化资源，可以为冰雪旅游注入更加丰富的文化灵魂。例如，东北地区的冰雪文化融入了浓厚的满族和汉族传统元素，而新疆的冰雪文化则带有明显的维吾尔族特色。将这些文化元素融入冰雪旅游产品中，可以使游客在游玩的过程中更加深入地了解当地的文化和传统。

开发冰雪文化产品，提供多样化的文化体验：结合市场需求和游客偏好，可以开发出一系列具有冰雪文化特色的产品。例如，冰雪演艺节目可以让游客欣赏到精彩的冰雪表演；冰雪节庆活动则可以让游客感受到浓厚的节日氛围；冰雪文化展览则可以向游客展示冰雪文化的历史和发展。这些产品为游客提供了多样化的文化体验，满足了不同游客的需求。

传承和弘扬冰雪文化，提高游客的文化认同感：通过举办冰雪文化节、冰雪文化论坛等活动，可以进一步传承和弘扬冰雪文化。这些活动为游客提供了一个了解冰雪文化的平台，同时也为冰雪文化的传承和发展创造了有利条件。通过这些活动，游客可以更加深入地了解冰雪文化的内涵和价值，从而增强对冰雪文化的认知和认同感。

促进文化产业的创新发展，为文化产业注入新的活力：冰雪旅游与文化产业的融合还可以促进文化产业的创新发展。例如，以冰雪为题材的文学作品、影视作品、动漫游戏等文化产品的创作和生产，不仅可以丰富文化市场的产品种类，还可以为文化产业注入新的活力。这些作品通过艺术的手法展现了冰雪文化的魅力，吸引了更多人的关注和喜爱。

冰雪旅游与文化产业的融合为冰雪旅游注入了新的文化活力，丰富了游客的文化体验，同时也促进了文化产业的创新发展。这种融合是旅游和文化产业发展的一大趋势，值得继续深入研究和推广。

3. 冰雪旅游与娱乐产业融合

冰雪旅游与娱乐产业的融合为寒冷的冬季注入了欢乐与活力。这种融合不仅增加了冰雪旅游的趣味性和吸引力，还为游客带来了前所未有的冰雪娱乐体验。

开发冰雪娱乐项目，满足游客多样化需求：为了满足不同游客的需求和偏好，结合市场趋势，开发多种冰雪娱乐项目。冰雪主题的游乐园为家庭游客提供了亲子互动的好去处，孩子们可以在冰雪滑梯、雪地迷宫等项目中尽情玩耍；冰雪嘉年华则聚集了各种冰雪娱乐活动，如雪地拔河、冰雕比赛等，让游客在欢乐的氛围中感受冰雪的魅力；冰雪闯关游戏则挑战游客的勇气和智慧，让他们在闯关中体验冰雪带来的刺激和乐趣。

营造冰雪娱乐氛围，让游客沉浸其中：冰雪旅游与娱乐产业的融合还体现在对冰雪娱乐氛围的营造上。通过精心布置冰雪景观，如冰雕、雪雕、冰雪城堡等，游客仿佛进入了一个梦幻的冰雪世界；播放冰雪音乐则为这个世界增添了动感和韵律，让游客在音乐的陪伴下更加投入地体验冰雪娱乐。

创新冰雪娱乐形式，引领潮流风向：冰雪旅游与娱乐产业的融合还需要不断创新冰雪娱乐的新形式和新玩法。例如，利用虚拟现实技术为游客打造沉浸式的冰雪娱乐体验，让他们在虚拟世界中感受冰雪的奇幻与刺激；推出冰雪主题的密室逃脱游戏，让游客在解谜中体验冰雪的神秘与魅力。这些创新形式不仅满足了游客对新鲜事物的追求和好奇心，还引领了冰雪娱乐的潮流风向。

带动相关产业发展，形成产业链效应：冰雪旅游与娱乐产业的融合不仅直接推动了冰雪旅游和娱乐产业的发展，还带动了相关产业的繁荣。冰雪娱乐设施制造业为冰雪娱乐提供了高质量的设施装备，如雪地摩托、冰雪滑梯等，满足了游客对于专业设施的需求；冰雪娱乐活动策划业则为冰雪娱乐活动提供了创意和策划支持，提高了活动的吸引力和影响力。这些相关产业的发展与冰雪旅游和娱乐产业形成了紧密的产业链效应，共同推动了区域经济的增长。

冰雪旅游与娱乐产业的融合为游客带来了更加丰富多彩的冰雪娱乐体验，推动了冰雪旅游和娱乐产业的发展，并带动了相关产业的繁荣。这种融合是旅游和娱乐领域中的一大创新趋势，值得继续深入研究和推广。

（二）共同开发跨界产品

在冰雪旅游产业的多元化发展过程中，共同开发跨界产品是一种创新且有效的策略。通过将冰雪旅游与其他产业相结合，可以创造出独具特色的新产品，从而吸引更广泛的游客群体，并促进相关产业的协同发展。

1. 冰雪运动产品

在寒冷的冬季，冰雪运动成为人们追求健康与乐趣的重要方式。结合冰雪旅游与体育产业，共同开发各类冰雪运动产品，不仅能够满足游客的运动需求，还能提供专业且有趣的冰雪运动体验，进一步推动冰雪旅游与体育产业的深度融合。

高端滑雪装备——专业与时尚的完美结合：滑雪是冰雪运动中最受欢迎的项目之一，而高品质的滑雪装备则是保证游客滑雪体验的关键。与知名体育品牌合作，设计并生产高品质的滑雪装备，如滑雪板、滑雪服、滑雪镜等。这些装备不仅具备高度的专业性和舒适性，还融合了时尚元素，让游客在追求运动表现的同时，也能展现自己的个性与品位。高端滑雪装备的生产与销售不仅满足了游客对专业滑雪装备的需求，也推动了体育器材制造业的发展，实现了冰雪旅游与体育产业的互利共赢。

滑雪培训课程——让冰雪运动触手可及：对于初学者和滑雪爱好者来

说，专业的滑雪培训课程是他们快速掌握滑雪技能、享受冰雪运动乐趣的重要途径。与专业的滑雪培训机构合作，开发针对不同水平和年龄段的滑雪培训课程，课程内容涵盖滑雪技能教学、安全知识普及等。通过系统的培训，游客可以在短时间内掌握滑雪的基本技能和安全知识，更加自信地参与到冰雪运动中。滑雪培训课程的开设，不仅提高了游客的滑雪技能水平，也增强了他们的安全意识，为冰雪旅游市场培养了更多的潜在游客，进一步推动了冰雪旅游与体育产业的融合发展。

通过开发高端滑雪装备和滑雪培训课程等冰雪运动产品，可以有效地推动冰雪旅游与体育产业的深度融合。这种融合不仅提升了冰雪旅游的专业性和吸引力，还为游客提供了更加丰富、多样的冰雪运动体验，满足了他们对于健康、时尚和乐趣的追求。同时，这种融合也为相关产业的发展带来了新的机遇，形成了良性的产业互动和协同发展。

2. 冰雪演艺产品

冰雪旅游与文化产业的结合为游客带来了极具创意和艺术魅力的冰雪演艺产品。这些产品将冰雪元素与文化艺术紧密结合，为游客提供了独特的文化体验，同时也丰富了冰雪旅游的文化内涵。

冰上芭蕾——优雅与纯净的绝美演绎：冰上芭蕾是一种将芭蕾舞蹈与滑冰技艺相结合的艺术形式。与专业的芭蕾舞团合作，在冰面上演绎经典的芭蕾舞剧，如《天鹅湖》《胡桃夹子》等，将芭蕾的优雅舞姿与冰雪的纯净场地完美结合。舞者们身着华丽的服饰，在冰面上翩翩起舞，轻盈地跳跃、旋转和滑步，都显得如此优雅而动人。冰上芭蕾为游客带来了一场视觉与艺术的盛宴，让他们在欣赏表演的同时，也能感受到冰雪与艺术的独特魅力。

雪地音乐会——浪漫与激情的音乐盛宴：雪地音乐会则是一种将音乐与冰雪元素相结合的创新表演形式。在雪地中举办露天音乐会，邀请知名歌手和乐队进行表演，为游客带来一场音乐与自然的交融之旅。在雪地的背景下，音乐的旋律似乎更加动人，歌手的演唱也更加深情。游客们可以在欣赏音乐的同时，感受雪花的飘落，体验冰雪的浪漫氛围。雪地音乐会为游客提供了一次难忘的音乐之旅，让他们在冰雪的世界中感受到了音乐的无限魅力。

冰上芭蕾和雪地音乐会等冰雪演艺产品为冰雪旅游注入了新的文化活力。这些产品将冰雪元素与文化艺术紧密结合，为游客提供了独特的文化体验，提升了他们的文化素养和审美水平。同时，这些产品也丰富了冰雪旅游的文化内涵，推动了冰雪旅游与文化产业的深度融合发展。

3. 冰雪动漫产品

冰雪旅游与娱乐产业的结合为年轻一代游客带来了全新的体验——冰雪动漫产品。这些产品以冰雪为故事背景，融入奇幻、冒险等元素，为游客打造了一个充满想象与创意的冰雪世界。

冰雪奇缘——冰雪世界的奇幻之旅：《冰雪奇缘》作为冰雪主题的动漫电影或剧集，将冰雪的纯净与奇幻的故事情节完美结合。影片通过精美的画面展现了冰雪世界的壮丽景色，如林海雪原、冰雕城堡等，每一处都仿佛是一幅动人的冰雪画卷。同时，引人入胜的剧情带领观众进入冰雪的奇幻世界，体验其中的冒险与挑战。这种独特的观影体验不仅让游客感受到了冰雪的魅力，也激发了他们对冰雪旅游的兴趣和向往。

雪孩子——冰雪中的童趣与教诲：《雪孩子》则是以雪为主角的动漫形象，它拥有着洁白无瑕的身躯和天真无邪的性格。围绕雪孩子展开的一系列与冰雪相关的冒险故事，既有趣味性又有教育意义。故事中的雪孩子在冰雪的世界中与其他角色互动，共同经历种种奇遇和挑战。通过这些故事，年轻游客可以感受到冰雪带来的乐趣，同时也能领悟到热爱自然、珍惜环境的重要教诲。这种寓教于乐的方式让冰雪旅游不仅是一种娱乐体验，更是一种富有教育意义的活动。

冰雪动漫产品作为冰雪旅游与娱乐产业结合的产物，为游客提供了全新的冰雪体验方式。以独特的视角和创意的故事展现了冰雪的魅力和奇幻之处，吸引了更多年轻游客的关注和参与。同时，这些动漫产品也作为冰雪旅游的宣传载体，提升了目的地的知名度和美誉度，为冰雪旅游的发展注入了新的活力。

（三）延伸产业链条

冰雪旅游作为一个综合性的产业，其产业链条的延伸对于产业的持续发展和竞争力的提升具有重要意义。通过延伸产业链条，可以进一步拓展冰雪旅游的市场空间，增加产业附加值，并带动相关产业的发展。

1. 冰雪装备制造

鼓励和支持冰雪装备制造企业的发展是延伸冰雪旅游产业链条的重要一环。具体来说，可以从以下几个方面着手。

提高国产冰雪装备的质量和竞争力：通过加大研发投入、引进先进技术和管理经验等措施，提高国产冰雪装备的质量水平和技术含量，增强在国内外市场的竞争力。

满足国内外市场的需求：根据国内外市场的需求和趋势，调整产品结构，开发适销对路的新产品，不断拓展市场份额。同时，加强与国际知名冰雪装备制造企业的合作与交流，提高国产冰雪装备的国际知名度和影响力。鼓励和支持冰雪装备制造企业的发展，可以推动冰雪旅游产业的上游产业链建设，为冰雪旅游的发展提供有力的装备保障。

2. 冰雪旅游服务

完善冰雪旅游的服务体系是提升游客满意度和忠诚度的关键。具体来说，可以从以下几个方面着手。

酒店服务：建设高品质的酒店和度假村，提供舒适、便捷的住宿环境。同时，加强酒店与滑雪场、景区等之间的交通衔接，方便游客出行。

餐饮服务：提供多样化、特色化的餐饮服务，满足游客的不同口味需求。例如，开设冰雪主题餐厅、推出地方特色美食等。

交通服务：优化交通网络布局，提高交通便利性。例如，增设直达滑雪场、景区的公共交通线路，提供租车服务等。

通过完善冰雪旅游的服务体系，可以提升游客的旅游体验，增强其对目的地的满意度和忠诚度，从而推动冰雪旅游的持续发展。

3. 培养冰雪人才

加强冰雪旅游相关人才的培养是保障冰雪旅游健康发展的基础。具体来说，可以从以下几个方面着手。

培养滑雪教练：建立专业的滑雪教练培训体系，提高教练的专业水平和教学能力。同时，加强与国际知名滑雪培训机构的合作与交流，引进先进的培训理念和方法。

培养冰雪旅游规划师：加强冰雪旅游规划师的培养和引进工作，建立一支高素质的规划人才队伍。通过专业培训和实践锻炼，提高规划师的综合素质和规划能力。

培养多元化人才：除了培养滑雪教练和冰雪旅游规划师外，还应加强其他相关人才的培养，如培养冰雪运动医学人才、冰雪旅游营销人才等，为冰雪旅游的发展提供全方位的人才保障。

通过加强冰雪旅游相关人才的培养，可以为冰雪旅游的发展提供有力的人才支撑，推动产业的持续健康发展。

（四）形成产业集聚效应

产业集聚是指同一产业或相关产业的企业在特定地理区域内的高度集中，通过相互之间的协同作用，形成持续竞争优势的现象。在冰雪旅游领域，通过产业融合和链条构建形成产业集聚效应，可以带来多方面的好处。

1. 降低生产成本

产业集聚使冰雪旅游相关企业能够共享基础设施，这是降低生产成本的重要因素。例如，多个滑雪场或冰雪乐园集中在一个区域，可以共同投资建设交通、住宿、餐饮等配套设施，避免了每个企业都需要独立承担这些设施建设的庞大成本。此外，共享基础设施还意味着更高效的资源利用，有助于减少浪费和环境污染。除了基础设施共享，产业集聚还促进了劳动力资源的共享。在产业集聚区，劳动力市场更加活跃，企业可以更容易地找到合适的人才，而劳动者也有更多的就业机会。这种劳动力资源的共享不仅降低了企业的招聘成本，还有助于提高劳动力市场的整体效率。另外，原材料和市场信息的共享也是降低生产成本的重要途径。在产业集聚区，企业之间可以更方便地进行原材料采购和信息交流，从而降低采购成本和市场调研成本。同时，通过共享市场信息，企业可以更加准确地把握市场需求和趋势，有助于减少盲目生产和库存积压带来的成本损失。产业集聚不仅降低了生产成本，还通过企业之间的紧密合作和专业化分工提高了生产效率。在产业集聚区，企业之间的合作更加紧密，可以形成产业链上下游的协同效应。例如，冰雪装备制造商可以与滑雪场运营商合作，共同研发适合当地雪质和气候条件的滑雪装备，从而提高产品的适用性和市场竞争力。

2. 促进技术创新

产业集聚不仅为冰雪旅游相关企业带来了成本降低和生产效率提升的好处，更在技术创新与产业升级方面发挥了至关重要的作用。在产业集聚区域内，企业之间的竞争和合作更为频繁与紧密，这种环境极大地推动了新技术的诞生和产业的持续发展。在产业集聚区，由于多家冰雪旅游相关企业集中在一起，它们之间的竞争变得尤为激烈。为了在市场中脱颖而出，各企业必须不断地进行技术创新，提供更为先进、更具吸引力的冰雪旅游产品和服务。这种竞争态势促使企业加大研发投入，探索新的技术路径，从而推动了整个行业的技术进步。同时，企业之间的合作也为技术创新提供了有力支持。在产业集聚区，企业可以更方便地进行技术交流与合作，共同研发新技术、新产品。这种合作模式不仅可以降低研发成本，还可以加快研发进度，使新技术、新产品能够更快地推向市场。

产业集聚区往往也是知识传播和共享的中心。在这里，冰雪旅游相关企业可以通过各种渠道获取最新的市场信息、技术动态和行业动态。企业之间的员工也可以更方便地进行交流和学习，从而不断提升自己的知识和技能。这种知识的传播和共享有助于提升整个行业的技术水平和创新能力。

技术创新和知识传播最终将推动冰雪旅游产业的升级。通过不断引入新技术、新产品和新服务，冰雪旅游产业可以逐步实现从传统向现代的转变，提高产业的附加值和市场竞争力。例如，通过引入智能化技术，冰雪旅游企业可以提供更为个性化、智能化的服务，从而提升游客的体验满意度；通过研发新型冰雪运动装备，企业可以满足游客对于更高性能、更舒适体验的需求。

产业升级还将带动相关产业的发展。冰雪旅游产业的升级将增加对高品质原材料、先进设备和专业服务的需求，从而带动相关产业的技术升级和发展。这种产业间的联动效应将进一步推动整个经济社会的持续发展和繁荣。

产业集聚为冰雪旅游相关企业创造了一个有利于技术创新和产业升级的环境。通过加强企业间的竞争与合作、推动知识的传播与共享以及实现产业升级，冰雪旅游产业将不断迈向新的发展阶段，为游客提供更为优质、多样化的冰雪旅游体验。

3.形成持续竞争优势

产业集聚在提升冰雪旅游产业整体竞争力方面发挥着至关重要的作用，通过集群内企业的协同作用、区域品牌效应的形成以及增强企业应对市场变化的能力等多种方式，为冰雪旅游产业创造了持续竞争优势。在产业集聚区，冰雪旅游相关企业之间形成了紧密的协同作用。这种协同作用不仅体现在基础设施、劳动力资源、原材料和市场信息等方面的共享上，更体现在企业战略、市场营销、技术创新等多个层面的合作上。通过这种协同作用，企业可以更加高效地利用资源、降低成本、提高生产效率，从而增强整个冰雪旅游产业的竞争力。

产业集聚还有助于形成区域品牌效应。当多个冰雪旅游相关企业在同一地区集中时，它们共同形成了一个具有独特魅力和鲜明特色的冰雪旅游目的地。这种目的地形象能够吸引更多游客的关注，提高目的地的知名度和吸引力。同时，区域品牌效应还能够提升游客对冰雪旅游产品和服务的信任度和满意度，进一步巩固和扩大市场份额。

产业集聚还能够增强企业应对市场变化的能力。在产业集聚区，企业之间的紧密合作和信息共享使得它们能够更加敏锐地捕捉市场变化，更加准确地把握市场需求和趋势。这种敏锐的市场洞察力使企业能够及时调整战略、优化产品结构、创新营销方式，从而更好地满足市场需求，降低经营风险。

产业集聚还为企业提供了更多的学习和创新机会。在产业集聚区，企业可以通过与同行、上下游企业以及研究机构的交流与合作，不断吸收新知识、新技术、新理念，从而保持持续的创新能力和竞争优势。

产业集聚通过集群内企业的协同作用、区域品牌效应的形成以及增强企业应对市场变化的能力等多种方式，为冰雪旅游产业创造了持续竞争优势。这种竞争优势不仅有助于提升冰雪旅游产业的整体竞争力，还能够推动冰雪旅游产业的持续健康发展。

4. 带动相关产业的发展

冰雪旅游产业的集聚效应并不仅局限于产业内部，其影响力和辐射力还扩展到了与冰雪旅游相关的其他产业。这种跨产业的互动和协同作用，为区域经济注入了新的活力，形成了良性的经济循环。

冰雪旅游产业的集聚首先为冰雪装备制造业提供了巨大的市场空间。随着冰雪旅游目的地的知名度提升和游客数量的增加，对于高质量、高性能的冰雪运动装备的需求也随之增长。这为冰雪装备制造企业提供了扩大生产、提升技术、创新产品的契机，推动了冰雪装备制造业的快速发展。

冰雪旅游产业的繁荣还带动了冰雪旅游服务业的兴起。这包括住宿、餐饮、交通、娱乐等多个方面。为了满足游客的多元化需求，冰雪旅游目的地需要不断完善和丰富旅游服务设施和产品。这使冰雪旅游服务业成为区域经济中的新增长点，为当地居民提供了更多的就业机会和收入来源。

二、技术创新与服务提质

随着科技的飞速发展，冰雪旅游行业迎来了前所未有的机遇。利用现代科技手段，不仅能够提升冰雪旅游的技术含量，还能大幅度提高服务质量，为游客带来更加优质、便捷的旅游体验。

（一）运用大数据、人工智能进行市场分析和游客画像

1. 市场分析

在冰雪旅游市场中，运用大数据技术可以为旅游企业和政府部门提供深入、全面的市场分析，从而指导决策和营销策略。

实时数据收集：大数据技术能够实时抓取来自各种渠道的冰雪旅游相关数据，包括社交媒体上的讨论、旅游预订平台的交易数据、景点的人流统计等。这些数据覆盖了全球范围内的冰雪旅游活动，为分析提供了丰富的素材。

动态趋势分析：通过对收集到的数据进行处理和分析，可以揭示出冰雪旅游市场的动态趋势。例如，哪些地区的游客数量正在增长，哪些冰雪项目最受欢迎，游客的消费习惯和消费水平如何变化等。这些信息对于预测市场走向和制定应对策略至关重要。

精准市场定位：大数据分析还可以帮助旅游企业和政府部门进行精准的市场定位。通过对比不同细分市场的数据，可以发现潜在的目标客户群体和未被充分开发的市场空白。这有助于企业制定更加精准的市场营销策略，提高营销效率和效果。

2. 游客画像

利用人工智能技术，冰雪旅游企业可以对游客进行精细化分类和画像，

从而提供更加个性化的服务。

游客需求识别：通过人工智能技术对游客的历史行为、消费记录、社交媒体互动等数据进行深入分析，可以准确识别出游客的需求和兴趣。例如，有些游客可能更喜欢刺激的滑雪体验，而有些游客则更偏爱轻松的雪地漫步。

精细化分类：基于游客的需求和兴趣，人工智能可以将游客划分为不同的细分群体。每个细分群体都有其独特的特点和行为模式，这使企业能够更有针对性地设计产品和服务。

提供个性化服务：有了精细化的游客画像，冰雪旅游企业就可以为游客提供更加个性化、定制化的服务。例如，根据游客的偏好为其推荐合适的旅游路线、提供定制化的冰雪体验项目等。这不仅可以提高游客的满意度和忠诚度，还有助于企业塑造独特的品牌形象和竞争优势。

（二）利用虚拟现实、增强现实技术丰富游客体验

1. 虚拟现实（VR）技术的应用

虚拟现实技术以其独特的沉浸式体验，为冰雪旅游带来了革命性的变革。通过 VR 技术，冰雪旅游的魅力不再局限于实际的物理空间，而是延伸到了虚拟的数字世界。

模拟真实冰雪环境：利用先进的 VR 设备和软件，可以高度还原真实的冰雪环境，包括雪山、冰湖、雪原等各种自然景观。游客只需佩戴 VR 头盔和手柄，仿佛置身于千里之外的冰雪景区，感受那里的寒冷、清新和壮美。

设计互动体验：VR 技术不仅提供视觉上的模拟，还能为游客带来互动体验。例如，游客可以在虚拟的滑雪场中练习滑雪技巧，或者在虚拟的冰雕展中与冰雕互动合影。这种互动性使得 VR 体验更加生动和有趣。

拓展适用人群：对于那些由于身体条件、时间或地理位置等原因无法亲身体验冰雪的游客，如老年人、残疾人或远离冰雪地区的人群，VR 技术提

供了一个绝佳的替代方案。他们可以在家中或任何方便的地方，通过 VR 设备感受到冰雪的魅力和乐趣。

2. 增强现实（AR）技术的应用

增强现实技术通过在现实世界中叠加虚拟信息，为游客提供了更加丰富和深入的冰雪旅游体验。

信息增强展示：在冰雪景区游览时，游客可以通过 AR 设备看到额外的信息，如景点的历史背景、文化内涵等。这些信息以文字、图片或视频的形式呈现在游客的视野中，帮助他们更好地理解和欣赏冰雪景观。

娱乐互动体验：除了信息展示外，AR 技术还能为游客带来娱乐互动体验。例如，在观赏冰雕时，游客可以通过 AR 设备看到冰雕的 3D 效果、动画演示，或者与虚拟角色进行互动游戏。这种娱乐化的体验使冰雪旅游更加有趣和吸引人。

文化传承与创新：AR 技术还可以用于冰雪文化的传承与创新。通过 AR 设备，游客可以了解到与冰雪相关的传统习俗、民间故事等文化遗产，同时可以参与到虚拟的冰雪文化活动中，如虚拟的雪地音乐节、冰雪运动比赛等。这种结合传统与现代的方式有助于冰雪文化的传播和发展。

（三）通过智能化管理系统提高景区运营效率和安全水平

1. 智能化票务系统

智能化票务系统是冰雪景区提升运营效率的关键一环。该系统通过在线预约、电子门票等技术手段，为游客提供便捷、快速的入园体验，同时实现景区的流量控制，避免拥堵和排队现象。

在线预约与电子门票：游客可以通过景区官方网站、移动应用等渠道提前预约入园时间，并在线支付获取电子门票。这种方式不仅节省了游客现场购票的时间，还有助于景区提前掌握游客数量，做好相应的接待准备。

流量控制与优化：通过智能化票务系统，景区可以实时监控游客的入园情况，并根据预设的最大承载量进行流量控制。当游客数量接近或达到最大承载量时，系统可以自动发出预警，提醒景区采取限流措施，确保游客的安全和舒适体验。

2. 智能化监控系统

智能化监控系统是保障冰雪景区安全运营的重要手段。该系统利用高清摄像头、无人机等监控设备，对景区进行实时监控，及时发现和处理安全隐患。

高清摄像头监控：景区内布置的高清摄像头可以捕捉各个角落的实时画面，帮助景区管理人员全面了解景区的安全状况。同时，摄像头还具备智能识别功能，可以自动识别异常行为或危险事件，并及时发出警报。

无人机巡逻与应急响应：无人机可以在景区内进行空中巡逻，提供更为广阔的视野和灵活的监控角度。一旦发现安全隐患或紧急事件，无人机可以迅速飞抵现场，为管理人员提供第一手资料，并协助进行应急响应。

3. 智能化导游系统

智能化导游系统是为游客提供便捷导览服务的重要工具。该系统通过智能语音导览、在线地图等技术手段，帮助游客更好地了解和欣赏冰雪景区。

智能语音导览：游客可以通过手机或其他智能设备获取语音导览服务。系统会根据游客的位置和兴趣点，自动播放相关的讲解内容，让游客在游览过程中了解更多关于景区的信息。

在线地图与导航：通过智能化导游系统，游客可以获取景区的在线地图，并实时了解自己的位置。系统还提供导航功能，帮助游客规划游览路线，避免迷路或错过重要景点。

三、新兴业态与活力注入

冰雪旅游产业的持续发展需要不断注入新的活力，而培育新兴业态是实现这一目标的重要途径。通过创新项目的建设、跨产业融合和现代娱乐方式的结合，冰雪旅游可以拓展其市场边界，吸引更广泛的游客群体，并为产业发展带来新的增长点。

（一）鼓励和支持冰雪主题公园、冰雪小镇、冰雪度假村等创新项目的建设和发展

1. 冰雪主题公园

冰雪主题公园作为冰雪旅游的创新项目，以其独特的主题设计和全方位的冰雪体验，成为吸引游客的新亮点。这类公园不仅展现了壮美的冰雪景观，更融入了丰富的冰雪活动，如滑雪、滑冰、雪地摩托等，满足了不同年龄段游客的需求。同时，冰雪主题公园还承担着传播冰雪文化的重要任务，通过展览、表演等形式，让游客深入了解冰雪文化的魅力和内涵。为了进一步提升冰雪主题公园的吸引力，可以鼓励和支持公园在景观设计、活动策划、文化传播等方面进行创新。例如，利用科技手段打造动态冰雪景观，引入虚拟现实技术让游客身临其境地体验冰雪世界；策划具有挑战性的冰雪竞技活动，吸引专业运动员和冰雪爱好者参与；举办冰雪文化节庆活动，邀请艺术家进行现场创作表演等。

2. 冰雪小镇

冰雪小镇是以冰雪产业为主导，集旅游、休闲、娱乐、文化等多种功能于一体的创新型旅游目的地。这类小镇注重将冰雪元素与当地特色和文化相融合，打造具有独特魅力的旅游小镇。通过完善的基础设施、优质的服务和丰富的冰雪活动，冰雪小镇能够吸引游客长期停留，促进冰雪旅游的深度发展。为了推动冰雪小镇的建设和发展，可以鼓励和支持小镇在规划设计、基础设施建设、服务提升等方面进行创新。例如，制订科学合理的规划方案，确保小镇的布局合理、功能完善；加大基础设施建设投入，提高小镇的交通可达性和便利性；加强从业人员的培训和管理，提升服务质量等。

3. 冰雪度假村

冰雪度假村通常位于自然环境优美的地区，以提供高端的住宿、餐饮和娱乐服务为主要特点。这类度假村注重营造舒适、奢华的度假氛围，打造高端旅游市场，提升冰雪旅游的品牌形象。同时，冰雪度假村还通过提供全方位的冰雪体验活动，如滑雪、雪地高尔夫、雪地温泉等，满足游客的多元化需求。为了进一步提升冰雪度假村的竞争力，可以鼓励和支持度假村在设施建设、服务创新、市场营销等方面进行优化。例如，加大在住宿设施、餐饮设施、娱乐设施等方面的投入，提高设施的品质和舒适度；推出个性化的服务项目，如私人管家服务、定制旅游行程等，提升游客的满意度；加大市场营销力度，提高冰雪度假村的知名度和美誉度。

（二）推动冰雪旅游与研学、康养等产业的结合

1. 冰雪研学游

冰雪研学游是指将研学教育理念与冰雪旅游相结合，通过组织学生参与冰雪运动、了解冰雪文化，达到研学目的的一种旅游形式。这种旅游形式不仅有助于培养学生的团队协作能力、实践能力和创新能力，还能为冰雪旅游带来新的市场机遇。

培养团队协作能力：冰雪运动往往需要团队合作，如雪地拔河、雪地足球等。在参与这些运动的过程中，学生们需要相互配合、共同努力，从而培养团队协作能力。

提升实践能力：冰雪研学游注重学生的实践操作。例如，学生可以亲手制作雪雕、学习滑雪技巧等，这些实践活动有助于提升学生的动手能力和实践能力。

激发创新能力：冰雪研学游鼓励学生发挥想象力和创造力。在冰雪文化的学习和体验中，学生可以了解冰雪运动的创新历程，尝试创新冰雪游戏和活动，从而激发创新思维。

拓展冰雪旅游市场：冰雪研学游为冰雪旅游带来了新的市场群体——学生。通过组织学生进行冰雪研学游，可以吸引更多家庭和学校关注冰雪旅游，从而拓展冰雪旅游市场。

2. 冰雪康养游

冰雪康养游是指结合冰雪资源和康养理念开发的一种以健康养生为主要目的的旅游形式。这种旅游形式能够满足游客对于身心健康的追求，为冰雪旅游注入新的活力。

冰雪温泉养生：利用冰雪地区的温泉资源，开发温泉泡澡、温泉按摩等养生项目。温泉中的矿物质和微量元素对人体有益，能够舒缓疲劳、美容养颜。

冰雪瑜伽健身：在冰天雪地的环境中进行瑜伽练习，能够呼吸到清新的空气，感受到大自然的宁静与和谐。冰雪瑜伽有助于调节身心、增强体质。

冰雪疗养康复：针对一些慢性疾病或亚健康状态，结合冰雪资源开展疗养康复项目。例如，利用冷空气进行呼吸道疾病的康复治疗，或者通过雪地行走来改善血液循环。

丰富冰雪旅游产品：冰雪康养游为冰雪旅游增添了新的产品类型和特色。通过开发冰雪温泉、冰雪瑜伽、冰雪疗养等康养产品，可以吸引更多追求健康养生的游客前来体验，从而丰富冰雪旅游的市场供给。

（三）探索冰雪旅游与电子竞技、网络直播等现代娱乐方式的结合点

1. 电子竞技与冰雪旅游

电子竞技与冰雪旅游的结合不仅可以吸引更多年轻人群关注和参与冰雪旅游，还能通过电子竞技这一现代娱乐方式为冰雪旅游注入新的活力。

举办冰雪主题的电子竞技比赛：可以策划和组织一系列以冰雪为主题的电子竞技比赛，如冰雪赛车游戏比赛、冰雪冒险游戏比赛等。这些比赛可以

吸引大量电竞爱好者参与，并通过比赛的举办地——冰雪景区，让参赛者和观众亲身感受冰雪的魅力。

利用电子竞技平台的传播效应：电子竞技比赛往往能够吸引众多观众在线观看，具有极高的传播效应。通过直播或录播冰雪主题的电子竞技比赛，可以利用电子竞技平台的广泛受众群体，提升冰雪旅游的知名度和影响力。

开发冰雪主题的电子竞技游戏：为了进一步吸引电竞爱好者关注冰雪旅游，还可以开发一系列以冰雪为主题的电子竞技游戏。这些游戏可以模拟真实的冰雪环境和冰雪运动，让玩家在游戏中感受冰雪的魅力和乐趣。

2. 网络直播与冰雪旅游

网络直播作为一种新兴的社交娱乐方式，具有实时性、互动性和社交性等特点。将网络直播与冰雪旅游相结合，可以为游客提供更加直观、生动的冰雪旅游体验。

实时展示冰雪景区的壮美风光：通过网络直播技术，可以实时展示冰雪景区的壮美风光和独特魅力。直播内容可以包括冰雪景观、冰雪活动、冰雪文化等多个方面，让观众在家中就能感受到冰雪的魅力。

增强游客的参与感和体验感：网络直播不仅可以展示冰雪景区的风光和活动，还可以为观众提供互动参与的机会。通过弹幕、评论等互动方式，观众可以实时发表自己的看法和感受，与其他观众进行交流互动，从而增强参与感和体验感。

借助网络直播推广冰雪旅游：网络直播具有广泛的受众群体和传播渠道，是推广冰雪旅游的有力工具。通过与知名直播平台合作，可以吸引更多观众关注冰雪旅游，提升冰雪旅游的知名度和美誉度。同时，还可以通过直播带货等新型营销方式，促进冰雪旅游产品的销售和推广。

第三节　社区参与与共享发展

一、居民参与与社区共治

在冰雪旅游的开发与运营中，当地居民的参与和社区共治是确保可持续发展的重要因素。通过有效的参与和共治机制，不仅能够实现经济利益的共享，还能增强社会凝聚力和文化认同感。

（一）提供就业机会

冰雪旅游作为一个综合性的产业，其开发和运营为当地居民提供了丰富的就业机会，从直接的旅游服务岗位到间接的支撑产业，都为地方经济的增长注入了活力。

1. 直接就业机会

滑雪教练：随着滑雪运动的普及，滑雪教练成为冰雪旅游中不可或缺的角色。他们不仅教授滑雪技能，还是游客安全的重要保障。这一职业为许多热爱冰雪运动并拥有相关技能的人提供了就业机会。

酒店服务员：冰雪旅游区的酒店和度假村需要大量的服务员来满足游客的住宿和餐饮需求。这些岗位为当地居民提供了稳定的就业机会，同时也促进了地方服务业的发展。

景区管理人员：冰雪景区的日常运营和管理需要大量的工作人员，包括票务管理、游客服务、安全监控等。这些岗位为当地居民提供了多样化的就业机会，并促进了景区的高效运转。

2. 间接就业机会

旅游产品开发人员：冰雪旅游的发展需要不断创新和丰富旅游产品。旅游产品开发人员负责设计新的冰雪旅游项目、活动和路线，以满足游客的多样化需求。这一岗位为具有创意和策划能力的人才提供了就业机会。

培训和教育机构：为了提高居民的就业能力和竞争力，冰雪旅游产业的发展也催生了相关的培训和教育机构。这些机构提供针对性的培训课程，帮助居民提升职业技能和综合素质，更好地适应冰雪旅游产业的发展需求。

3. 创业机会与政策支持

冰雪旅游产业的发展还为当地居民提供了创业机会。政府可以通过提供创业扶持、税收优惠、贷款支持等政策，鼓励居民积极参与冰雪旅游相关的创业活动。这些创业活动不仅可以为居民带来经济收益，还能推动冰雪旅游产业的创新发展，形成良性的产业生态。

（二）让居民分享经济收益

冰雪旅游的发展不仅为当地带来了人流、物流、信息流，更显著的是，为当地居民带来了实实在在的经济效益。通过构建合理的利益分配机制，可以确保居民能够直接和间接地从冰雪旅游中受益，从而增强他们对冰雪旅游产业的认同感和支持度。

1. 直接经济收益

门票分成：许多冰雪景区通过与当地社区或居民合作，采取门票分成的模式。这意味着每当有游客购买门票进入景区，其中的一部分收入将直接分配给当地居民。这种模式直接关联了居民的收益与景区的运营情况，激励他们积极参与景区的推广和维护。

旅游商品销售提成：冰雪旅游区通常会销售一系列与冰雪主题相关的旅游商品，如纪念品、手工艺品、特色食品等。通过让居民参与这些商品的销售，并从中获得一定比例的提成，可以确保他们直接从旅游商品的销售中受益。

酒店住宿收入分成：冰雪旅游区的酒店和度假村往往是游客住宿的主要

选择。通过让居民参与酒店住宿收入的分成，可以确保他们从游客的住宿消费中直接获得经济收益。这种模式有助于激励居民提供更好的住宿服务，提升游客的满意度。

2. 间接经济收益

税收贡献：冰雪旅游的发展为当地政府带来了可观的税收收入。这些税收可以用于改善基础设施、提高公共服务水平、增加社会福利等，从而间接提升居民的生活水平。

政府补贴：为了鼓励冰雪旅游的发展，政府往往会提供一系列的补贴政策，如旅游开发补贴、环保补贴、就业补贴等。这些补贴可以直接或间接地增加居民的收入，减轻他们的生活负担。

通过确保居民能够直接和间接地从冰雪旅游中受益，不仅提高了他们的生活水平，还进一步激发了他们参与冰雪旅游开发和运营的积极性。这种正向的激励机制有助于形成冰雪旅游与社区共赢的良好局面，推动冰雪旅游产业的可持续发展。

（三）注重听取居民的意见和建议

在冰雪旅游的开发和运营中，确保当地居民的参与和发声是至关重要的。这不仅能够体现民主决策的原则，还能够确保冰雪旅游项目真正符合当地社区的需求和期望。

1. 收集居民意见和建议的重要性

民主决策的体现：冰雪旅游项目往往涉及大量的公共资源和资金投入，因此其决策过程应体现民主原则。通过广泛听取居民的意见和建议，可以确保决策过程更加透明和公正。

了解居民需求：当地居民是冰雪旅游项目的直接利益相关者，他们对项目的需求和期望有着深刻的理解。通过收集他们的意见和建议，可以更加准确地了解居民的需求，从而确保项目能够满足这些需求。

增强居民认同感：当居民感到他们的意见和建议被重视和采纳时，对冰雪旅游项目的认同感和归属感就会增强。这有助于形成社区与冰雪旅游项目之间的良好互动关系。

2. 如何收集居民的意见和建议

召开座谈会：通过组织座谈会，邀请当地居民代表、相关部门负责人等共同参与，面对面地听取居民的意见和建议。这种方式可以确保信息的直接传递和及时反馈。

问卷调查：设计科学合理的问卷调查表，针对冰雪旅游项目的各个方面征求居民的意见和建议。问卷调查可以覆盖更广泛的居民群体，确保收集到的信息更加全面和客观。

社区论坛：利用互联网平台开设专门的社区论坛或讨论区，鼓励居民在线发表对冰雪旅游项目的看法和建议。这种方式可以突破时间和空间的限制，方便居民随时参与讨论。

3. 将居民意见和建议纳入决策过程

收集到居民的意见和建议后，应该将其纳入冰雪旅游项目的决策过程中。这包括对项目规划、设计方案、运营策略等各个方面的调整和完善，以确保项目真正符合当地居民的利益和期望。同时，还应建立有效的反馈机制，及时向居民通报决策结果和项目实施情况，以便进一步听取他们的意见和建议。

（四）实现社区共治

冰雪旅游的成功发展往往离不开社区的积极参与和有效治理。社区共治作为一种现代治理理念，强调多方利益相关者的共同参与和协作，以实现资源的优化配置、利益的共享以及社区的可持续发展。

1. 多方参与的管理与决策

居民参与：作为社区的主体，居民对冰雪旅游项目有着最直接的感受和需求。他们的参与可以确保项目更加贴近民生，反映居民的真实意愿。

政府引导：政府在社区共治中发挥着引导和协调的作用。通过制定相关政策、提供资金支持等方式，政府可以推动冰雪旅游项目的顺利实施，并确保各方利益的均衡。

企业合作：冰雪旅游项目往往需要大量的资金投入和专业技术支持。与企业的合作可以引入市场机制和专业化运营，提高项目的效率和质量。

2. 资源优化配置与利益共享

资源整合：社区共治有助于整合各方资源，包括自然资源、人力资源、文化资源等。通过有效的资源配置，可以提高冰雪旅游项目的整体效益和竞争力。

利益均衡：在社区共治的框架下，各方利益相关者可以通过协商和谈判达成利益均衡。这有助于减少冲突和矛盾，确保项目的顺利实施和社区的和谐稳定。

3. 社区自我管理与自我发展

自我管理能力提升：社区共治强调居民的自主参与和自我管理。通过参与冰雪旅游项目的管理和决策，居民可以提升自己的管理能力和组织能力，增强社区的凝聚力。

自我发展机会创造：社区共治为居民提供了更多的发展机会。通过参与冰雪旅游项目，居民可以获得更多的就业机会、创业机会以及文化交流机会，推动社区的全面发展。

4. 公民意识与社会责任感的培养

提升公民意识：参与社区共治有助于提升居民的公民意识。通过参与公共事务的讨论和决策，居民可以更加了解自己的权利和义务，增强对社区和社会的归属感。

强化社会责任感：社区共治强调各方的责任共担。通过共同参与冰雪旅游项目的管理和运营，各方可以更加深刻地认识到自己的社会责任，并积极履行这些责任。

实现社区共治对于推动冰雪旅游产业的可持续发展具有重要意义。通过多方参与、资源优化配置、社区自我管理与自我发展以及公民意识与社会责任感的培养，可以构建一个和谐、稳定、繁荣的冰雪旅游社区。

二、社会影响与正面贡献

冰雪旅游不仅是一个经济产业，更是一个具有广泛社会影响的活动。它的发展不仅为当地带来经济收益，还在基础设施、公共服务、生态环境以及社会交流等方面产生积极的影响和贡献。

（一）推动当地基础设施的完善

冰雪旅游作为一种特殊的旅游形式，对基础设施有着较高的要求。随着冰雪旅游的发展，当地的基础设施也会得到相应的完善，这不仅有利于旅游业的繁荣，也为当地居民带来了实实在在的便利。

1. 交通设施的改善

道路建设：为了满足冰雪旅游的需求，当地会加强道路建设，特别是通往冰雪旅游景区的道路。这不仅包括主干道的拓宽和改造，还包括景区内部道路的修建和维护。这些道路的建设不仅方便了游客的出行，也改善了当地居民的交通条件。

交通运力提升：随着冰雪旅游的发展，当地的交通运力也会得到相应的提升。这包括增加公共交通车辆的数量、频次和线路，以及提升出租车、网约车等交通方式的服务质量。这些措施不仅提高了游客的出行效率，也缓解了当地居民的出行压力。

2. 住宿设施的增设

酒店和度假村建设：为了满足冰雪旅游带来的住宿需求，当地会增设酒店和度假村等住宿设施。这些设施的建设不仅提供了更多的住宿选择，也提高了住宿的品质和服务水平。同时，这些住宿设施的运营也为当地居民提供了就业机会和创业机会。

民宿和家庭旅馆发展：除了大型酒店和度假村，冰雪旅游的发展还促进了民宿和家庭旅馆等住宿形式的发展。这些住宿形式更加亲民和具有特色，为游客提供了更加多样化的住宿体验。同时，民宿和家庭旅馆的发展也带动了当地居民参与冰雪旅游的热情和积极性。

3. 通信网络的优化

通信基站建设：为了确保冰雪旅游区的通信畅通，当地会加强通信基站的建设和维护。这不仅提高了通信网络的覆盖范围和信号质量，也为当地居民提供了更加便捷和高效的通信服务。

信息化服务提升：随着通信网络的优化，当地的信息化服务水平也会得到相应的提升。这包括提供更加智能化的旅游服务、推广电子支付方式、建设旅游信息平台等。这些措施不仅提高了冰雪旅游的服务效率和质量，也便利了当地居民的生活和工作。

冰雪旅游的发展推动了当地基础设施的完善，包括交通、住宿和通信等方面。这些改善不仅服务于旅游业，也方便了当地居民的生活，为冰雪旅游的持续发展奠定了基础。

（二）促进公共服务水平的提升

冰雪旅游作为一种综合性旅游形式，对公共服务水平有着较高的要求。随着冰雪旅游的发展，当地的公共服务水平也会得到相应的提升，这不仅满足了游客的多样化需求，也进一步推动了当地社会的全面进步。

1. 餐饮服务质量的提升

丰富餐饮选择：为了满足不同游客的口味需求，当地会推动餐饮业的多样化发展，提供包括当地特色美食、国际风味菜肴等在内的丰富选择。

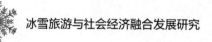

加强食品安全监管：当地会加强对餐饮服务单位的食品安全监管，确保食材新鲜、加工卫生、餐具消毒等方面符合标准，从而保障游客的饮食安全。

2. 医疗救治能力的增强

完善医疗设施：冰雪旅游地区会加强医疗设施建设，包括增设急救中心、医疗站等，并配备必要的医疗设备和药品，以便在紧急情况下能够及时救治伤病游客。

提升医疗服务水平：当地会加强对医护人员的培训，提高他们的专业素养和服务意识，确保能够为游客提供高质量的医疗服务。

3. 安全保障措施的加强

强化旅游安全管理：当地会建立健全旅游安全管理制度，加强对旅游景区的安全巡查和隐患排查，确保游客的人身和财产安全。

完善应急救援体系：冰雪旅游地区会建立完善的应急救援体系，包括制订应急预案、组建应急队伍、开展应急演练等，以便在发生突发事件时能够迅速响应并有效处置。

这些公共服务的提升不仅提高了游客的满意度和安全感，也为当地居民提供了更加优质的生活服务。同时，这些改善措施进一步提升了当地的整体形象和竞争力，为冰雪旅游的持续发展创造了更加有利的条件。

（三）改善生态环境

冰雪旅游的发展紧密依托于自然生态环境，因此，其对生态环境的保护和改善具有天然的使命感和责任感。通过科学合理的规划和管理，冰雪旅游不仅能够为游客提供高质量的旅游体验，还能够促进当地生态环境的持续改善。

1. 推动植树造林

增加绿化面积：冰雪旅游地区往往位于山区或高海拔地区，这些地方的植被覆盖对于保持水土、调节气候等具有重要作用。通过推动植树造林项目，可以增加当地的绿化面积，提高植被覆盖率。

改善生态景观：植树造林不仅可以增加绿色植被，还可以改善生态景观，使冰雪旅游景区更加美丽和宜人。这不仅可以提高游客的旅游体验，也有助于促进当地生态环境的可持续发展。

2. 加强水源保护

保护水资源：冰雪旅游活动需要大量的水资源支持，如滑雪场的造雪用水等，因此，保护当地的水资源对于冰雪旅游的可持续发展至关重要。通过加强水源地保护、减少水污染等措施，可以确保冰雪旅游用水的安全和充足。

促进水生态平衡：水源保护不仅关乎冰雪旅游的发展，也关系到当地生态系统的平衡。通过保护和恢复湿地、河流等水生态系统，可以促进水资源的循环利用和生态平衡的维护。

3. 优化垃圾处理

减少垃圾产生：冰雪旅游活动会产生大量的垃圾，如食品包装、废弃装备等。通过推广环保理念、提供垃圾分类设施等措施，可以减少垃圾的产生量。

提高垃圾处理效率：对于已经产生的垃圾，需要采取有效的处理措施。通过引进先进的垃圾处理技术、建立完善的垃圾收运体系等措施，可以提高垃圾处理的效率和质量，减少对环境的影响。

冰雪旅游的发展可以促进当地生态环境的改善，包括推动植树造林、加强水源保护、优化垃圾处理等方面。这些改善不仅提升了冰雪旅游的品质和吸引力，也为当地居民创造了一个更加宜居的生活环境，实现了生态、经济和社会效益的和谐统一。

（四）加强与社会各界的合作与交流

冰雪旅游作为一种综合性产业，其发展涉及政府、企业、社会组织等多个利益相关方。通过加强与社会各界的合作与交流，可以形成合力，共同推动冰雪旅游的健康发展。

1. 政府的角色与作用

政策制定与引导：政府在冰雪旅游发展中扮演着政策制定者和引导者的角色。通过出台相关政策，如税收优惠、土地租赁优惠等，为冰雪旅游的发展提供有力的政策支持。

资金扶持与投入：政府可以通过设立专项资金、引导社会资本投入等方式，为冰雪旅游项目提供资金保障，推动项目的顺利实施。

2. 企业的创新与市场开拓

技术创新与装备升级：冰雪旅游企业作为市场主体，在技术创新和装备升级方面发挥着重要作用。通过引进先进技术和设备，可以提高冰雪旅游项目的科技含量和游客体验。

市场开拓与品牌推广：企业凭借敏锐的市场洞察力和品牌推广能力，可以不断拓展冰雪旅游市场，提高项目的知名度和美誉度。

3. 社会组织的桥梁与纽带作用

沟通协调与资源整合：社会组织作为政府与企业之间的桥梁和纽带，在沟通协调和资源整合方面发挥着重要作用。通过搭建交流平台、组织行业研讨等方式，可以促进各方之间的信息共享和资源整合。

舆论引导与形象塑造：社会组织还可以通过舆论引导和形象塑造等方式，为冰雪旅游的发展营造良好的社会氛围和舆论环境。

4. 文化交流与融合的推动

冰雪旅游不仅是经济活动，也是文化活动。通过冰雪旅游的发展，可以促进不同文化之间的交流与融合。例如，各地的冰雪节庆活动、冰雪文化展览等都为社会各界提供了丰富的文化交流平台。这些活动不仅展示了各地的文化特色和风土人情，也促进了人们之间的相互了解和友谊。

加强与社会各界的合作与交流对于冰雪旅游的发展具有重要意义。通过政府、企业、社会组织等多方的共同参与和合作，可以共同营造良好的冰雪旅游发展环境，推动冰雪旅游的健康发展，促进当地社会的和谐与进步。

三、乡村振兴与冰雪旅游共赢

冰雪旅游与乡村振兴之间存在紧密的联系和相互促进的关系。将冰雪旅游作为推动乡村振兴的重要抓手，可以实现乡村与冰雪旅游的共赢发展，为乡村地区带来经济、社会和文化等多方面的积极变化。

（一）开发乡村冰雪旅游资源

乡村地区因其独特的自然和文化环境，为冰雪旅游提供了丰富的资源基础。通过科学规划和合理开发，这些资源可以转化为具有市场竞争力的冰雪旅游产品，为乡村经济注入新的活力。

1. 挖掘自然风光资源

自然景观的利用：乡村地区往往拥有优美的山川、湖泊、森林等自然景观，这些景观在冬季被冰雪覆盖后，呈现出别样的风貌。通过开发冰雪观景、冰雪徒步、冰雪摄影等旅游产品，可以让游客亲身体验到乡村冰雪风光的魅力。

气候资源的利用：乡村地区的气候条件，如低温、降雪量等，是开展冰雪旅游活动的重要基础。根据气候特点，可以开发滑雪、滑冰、雪雕等冰雪运动项目，满足游客的运动和娱乐需求。

2. 传承与发扬冰雪文化

乡村冰雪文化的挖掘：乡村地区在长期的生产生活中形成了独特的冰雪文化，如冰雪节庆、冰雪民俗等。通过深入挖掘和整理这些文化资源，可以将其转化为具有地方特色的冰雪旅游产品，增强游客的文化体验。

冰雪文化活动的举办：在乡村地区举办冰雪节庆活动、冰雪文化展览、冰雪艺术表演等，不仅可以丰富冰雪旅游的内容，还可以促进冰雪文化的传承和发展。

3. 注重生态环境保护与可持续发展

生态优先原则：在开发乡村冰雪旅游资源时，应始终坚持生态优先原则，确保旅游活动与自然环境的和谐共生，避免过度开发导致资源破坏和环境污染。

科学规划与合理布局：对乡村冰雪旅游资源进行科学规划和合理布局，明确开发重点和时序安排。通过优化空间布局和产品设计，实现资源的高效利用和旅游活动的有序开展。

开发乡村冰雪旅游资源需要充分挖掘自然风光和冰雪文化资源，同时注重生态环境保护与可持续发展。通过科学规划和合理开发，可以实现乡村冰雪旅游的健康发展，为乡村经济和社会发展注入新的活力。

（二）打造乡村冰雪旅游品牌

在冰雪旅游日益兴起的背景下，打造乡村冰雪旅游品牌成为提升目的地竞争力和吸引力的关键。一个强有力的品牌能够凸显目的地的独特性，加深游客的印象，并促进游客的再次访问和口碑传播。

1. 明确品牌定位

挖掘特色与优势：每个乡村都有其独特的冰雪旅游资源和文化传统。通过深入挖掘这些特色和优势，如独特的冰雪景观、丰富的民俗活动、优质的滑雪场地等，可以形成品牌的核心竞争力。

确定目标市场：了解并分析目标市场的需求和偏好，如家庭游客、冰雪运动爱好者、文化体验者等，有助于更精准地定位品牌形象和产品设计。

2. 塑造品牌形象

设计独特的视觉识别系统：包括标志、口号、色彩等，这些元素应能够体现乡村冰雪旅游的特色和魅力，使游客在众多旅游品牌中迅速识别出该品牌。

打造独特的旅游产品：根据品牌定位和目标市场需求，设计具有乡村冰雪特色的旅游产品，如冰雪民俗体验、冰雪运动赛事、冰雪主题节庆等。

3. 加强品牌传播

选择合适的宣传渠道：根据目标市场的媒体使用习惯，选择有效的宣传渠道，如社交媒体、旅游网站、户外广告等。

制定多元化的营销策略：运用内容营销、事件营销、合作营销等多种策略，提高品牌的曝光度和互动性。例如，通过举办冰雪旅游节庆活动、与知名旅游博主合作推广、发布吸引人的冰雪旅游视频等。

4. 提升品牌美誉度

提供优质的服务体验：从游客的角度出发，提供周到、细致的服务，确保游客在乡村冰雪旅游过程中获得愉悦的体验。

建立良好的口碑：鼓励满意的游客分享他们的旅游经历，通过口碑传播进一步提升品牌的美誉度和影响力。

打造乡村冰雪旅游品牌需要明确品牌定位、塑造品牌形象、加强品牌传播并提升品牌美誉度。通过这些措施，可以增强乡村冰雪旅游的市场竞争力和吸引力，推动冰雪旅游业的持续发展。

（三）带动乡村经济结构的优化和产业升级

1. 丰富乡村经济业态

酒店业的发展：随着冰雪旅游的兴起，乡村地区的酒店需求逐渐增加。从家庭旅馆到高端度假酒店，各种层次的住宿设施的建设和运营为乡村经济带来了新的增长点。

餐饮业的繁荣：冰雪旅游游客的餐饮需求推动了乡村餐饮业的发展。当地特色美食、健康餐饮等多样化的餐饮服务不仅满足了游客的味蕾，也为乡村居民提供了更多的就业机会。

娱乐业的拓展：冰雪运动、冰雪节庆、冰雪文化体验等娱乐活动的丰富，使得乡村娱乐业得到了极大的拓展。这些活动不仅吸引了游客，也丰富了乡村居民的文化生活。

2. 增加就业机会和居民收入

直接就业机会：冰雪旅游相关产业的发展为乡村地区提供了大量的直接就业机会，如导游、教练、酒店员工、餐饮服务员等。

间接就业机会：除了直接就业机会外，冰雪旅游还带动了相关产业链的发展，如建筑业、交通运输业、零售业等，进一步增加了乡村地区的间接就业机会。

提高居民收入：就业机会的增加使得乡村居民的收入水平得到了提高。同时，冰雪旅游的发展也带动了当地农产品的销售和手工艺品的市场拓展，为乡村居民提供了更多的收入来源。

3. 促进基础设施建设和公共服务的提升

基础设施建设：为了满足冰雪旅游的发展需求，乡村地区需要加强基础设施建设，如道路改善、供水供电设施升级、通信网络建设等。这些基础设施的完善不仅提高了乡村地区的生活便利度，也为其他产业的发展奠定了基础。

公共服务的提升：冰雪旅游的发展还促进了乡村地区公共服务的提升。例如，医疗卫生条件的改善、教育资源的优化配置、文化体育设施的建设等，使乡村居民的生活质量和幸福感得到了提升。

4. 推动生态环境保护与可持续发展

冰雪旅游的发展强调对生态环境的保护和可持续发展。通过科学合理地规划和管理，冰雪旅游可以实现与生态环境的和谐共生。同时，冰雪旅游的发展还可以推动乡村地区的生态环境保护和治理工作，如水源保护、垃圾处理、植被恢复等，进一步提高乡村地区的生态环境质量。

冰雪旅游的发展对于乡村地区的经济结构调整和产业升级具有重要的带动作用。通过丰富经济业态、增加就业机会和居民收入、促进基础设施建设和公共服务的提升以及推动生态环境保护与可持续发展等措施的实施，可以实现乡村地区的全面振兴和可持续发展。

（四）注重保护乡村文化和生态环境

1. 加强文化传承，守护乡村文化根基

制订文化传承计划：针对乡村地区的独特文化，制订具体的传承计划。这包括对传统建筑、手工艺、民俗活动等的保护和传承，确保这些文化元素在冰雪旅游发展中得到妥善保护。

鼓励居民参与：当地居民是乡村文化的传承者和守护者。通过教育和培训，增强居民对本地文化的认同感和自豪感，鼓励他们积极参与文化传承工作。

发展文化体验旅游：将乡村文化元素融入冰雪旅游产品中，让游客在体验冰雪乐趣的同时，能深入了解乡村地区的文化底蕴。

2. 严格环境保护，保障生态环境基础

制定环境保护政策：针对冰雪旅游可能带来的环境压力，制定严格的环境保护政策，包括对旅游活动的环境容量进行限制，确保旅游发展与生态环境承载力相协调。

加大监管和执法力度：建立健全的监管体系，加大对旅游活动的环境监管。对于违反环保规定的行为，依法进行严厉处罚，确保环境保护政策的有效执行。

推广绿色旅游理念：在冰雪旅游中积极推广绿色旅游理念，倡导低碳、环保的旅游方式。通过游客教育和宣传，提高游客的环保意识和行为自觉性。

3. 促进居民参与，增强责任感和归属感

建立社区参与机制：在冰雪旅游开发过程中，建立有效的社区参与机制，让当地居民参与旅游规划、决策和管理，确保他们的利益得到保障。

提供就业机会和培训：冰雪旅游的发展为当地居民提供了更多的就业机

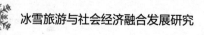

会的同时，通过提供相关的培训和教育，提高居民的专业技能和服务质量，增强他们在冰雪旅游发展中的竞争力。

培育地方认同感：通过冰雪旅游的发展，培育当地居民对地方文化的认同感和自豪感。让他们意识到保护乡村文化和生态环境的重要性，从而更加积极地参与文化传承和环境保护工作。

注重保护乡村文化和生态环境是实现冰雪旅游与乡村振兴协同推进的关键。通过加强文化传承、严格环境保护以及促进居民参与等措施的实施，可以确保冰雪旅游的发展不会对乡村地区的文化根基和生态环境基础造成破坏，从而实现可持续发展的目标。

参考文献

[1] 蒋依依，高洁，周小芳，李姗，吴巧红. 体旅新时代，冰雪新征程 ——"后奥运时代体育与旅游融合发展"专题研讨会会议综述 [J]. 旅游学刊，2022，37（7）：148-154.

[2] 王恒. 基于 PEST 分析的冰雪体育与冬季旅游融合发展研究——以东北地区为例 [J]. 江西科技师范大学学报，2022（1）：74-81.

[3] 周源，温阳. 后冬奥时代江苏省群众性冰雪赛事高质量发展研究 [J]. 安徽体育科技，2023，44（5）：7-11.

[4] 李思宇，王诚民. 齐齐哈尔市体旅文商产业融合发展研究 [J]. 边疆经济与文化，2021（1）：14-16.

[5] 周文静，张瑞林. 东北地区冰雪运动产业高质量发展目标与路径 [J]. 体育文化导刊，2021（8）：14-19.

[6] 张艳秋. "互联网+"我国冰雪体育旅游的营销模式与发展路径 [J]. 当代体育科技，2020，10（30）：191-193.

[7] 张军，李冉. 基于 SWOT-PEST 模型的我国冰雪特色小镇发展战略研究 [J]. 辽宁体育科技，2022，44（3）：24-29.

[8] 刘晓春. 内蒙古鄂伦春自治旗文化旅游的特色与经验探讨 [J]. 漫旅，2023，10（14）：97-99.

[9] 连洋，李雨珊. "双循环"背景下黑龙江省生态时尚冰雪旅游融合发展研

究 [J]. 冰雪运动，2021，43（5）：92-96.

[10] 武传玺 . "互联网 +"冰雪体育旅游的营销模式与发展路径 [J]. 体育文化
导刊，2017（5）：121-125.

[11] 赵帅 . 山西省小学体育研学旅行发展的模式、动态及趋势研究——以山
西省实验小学为例 [D]. 太原：山西大学，2022.

[12] 高国庆 . 河北崇礼冰雪强区建设的现实基础与提升策略研究 [D]. 石家庄：
河北师范大学，2023.

[13] 孙哲 . 东北三省冰雪产业高质量协同发展的现实困境与实践通路 [J]. 沈
阳体育学院学报，2023，42（4）：122-128.

[14] 李克良，李创，王紫娟 . 新发展格局下黑龙江冰雪体育旅游产业发展阻
力与策略 [J]. 学术交流，2023（4）：161-171.

[15] 姜山 . "后冬奥时代"吉林省冰雪小镇建设与发展策略研究 [J]. 吉林广播
电视大学学报，2023（3）：137-139，160.

[16] 隋东旭，冯鑫，宋博文 . 全域旅游视域下中俄跨界民族"赫哲 - 那乃"
冰雪体育旅游发展研究 [J]. 冰雪运动，2023，45（5）：77-82.

[17] 夏磊 . 民俗性冰雪旅游产业发展的社会价值、现存困境与纾解对策 [J].
冰雪运动，2023，45（3）：76-80.

[18] 仲跻强 . 黑龙江省发展冰雪体育旅游产业的创新研究——基于冬奥会背
景 [J]. 北方经贸，2023（6）：4-5，37.

[19] 王智慧 . 如何再续"冰雪奇缘"？ ——北京冬奥会后期效应与东北冰雪
产业振兴的理论逻辑及实践路径 [J]. 武汉体育学院学报，2022，56（5）：
29-38.

[20] 康韵婕，杨建平，哈琳，肖杰，陈虹举，贺青山 . 冰冻圈旅游经济区发
展水平及影响因素分析——以大香格里拉地区为例 [J]. 世界地理研究，
2022，31（5）：1083-1095.

[21] 刘子安，柏林．冬奥会视域下黑龙江省冰雪体育旅游产业的发展创新研究 [J]．中国商论，2022（16）：145-147．

[22] 韩志超．北京冬奥会推动冰雪旅游核心区发展效应及战略研究 [J]．德州学院学报，2022，38（4）：87-91，110．

[23] 左丹．振兴老工业基地背景下，吉林省冰雪旅游翻译人才培养模式构建研究 [J]．对外经贸，2022（5）：130-133．

[24] 陈克鑫．辽宁省冰雪经济发展分析——基于国内外冰雪经济发展的经验借鉴 [J]．沈阳大学学报（社会科学版），2021，23（2）：154-160．

[25] 冯烽．北京冬奥会背景下中国冰雪经济高质量发展的推进策略 [J]．当代经济管理，2022，44（3）：41-47．

[26] 李祥虎，袁雷，丁晓梅．全域旅游视域下我国冰雪运动小镇发展研究 [J]．体育文化导刊，2021（4）：72-78．

[27] 韩鑫，胡江玲，刘传胜，王心源．基于遥感的山地景观健康诊断及格局演变研究——以新疆天山自然遗产地喀拉峻—库尔德宁为例 [J]．生态学报，2021，41（16）：45-46．

[28] 赵晚晴，张益博．中国东北滑雪旅游业、生态环境与城镇化协调发展研究 [J]．资源与生态学报（英文版），2023，14（6）：1292-1301．

[29] 於鹏，陈刚，孔景．北京冬奥会：冰雪文化启蒙与体育旅游产业推进策略——《体育与科学》"北京冬奥会与中国冰雪文化发展"学术工作坊综述 [J]．体育与科学，2021，42（6）：1-5．

[30] 崔旭艳，殷怀刚．中国梦与奥林匹克风——《体育与科学》"冰天雪地也是金山银山：北京冬奥会后期效应"学术工作坊综述 [J]．体育与科学，2022，43（2）：8-16．

[31] 李克良，王紫娟，牛冠迪，张瑶．黑龙江省冰雪旅游产业发展现状、现实困境及解决路径 [J]．冰雪运动，2021，43（5）：80-84．

[32] 蒋依依，张月，高洁，张佑宁 . 中国冰雪资源高质量开发：理论审视、实践转向与挑战应对 [J]. 自然资源学报，2022，37（9）：2334-2347.

[33] 王储 . 西北五省区滑雪场空间结构特征及其影响因素研究 [D]. 兰州：西北师范大学，2022.

[34] 刘跃 . 北京冬奥会契机下我国冰雪体育旅游的可持续发展研究 [J]. 旅游纵览，2022（15）：132-134.

[35] 齐斯筠，杨启，周梦佳 . 北京冬奥会推进我国冰雪及相关产业发展经济效益的研究 [J]. 全体育，2022（3）：81-84，91.